"一带一路"列国人物传系

印度尼西亚9人传
赤道翡翠之国

刘强伦 吴碧波 ◎ 编著

图书在版编目（ＣＩＰ）数据

印度尼西亚9人传：赤道翡翠之国 / 刘强伦, 吴碧波编著. -- 北京：五洲传播出版社, 2024.1
ISBN 978-7-5085-5117-3

Ⅰ.①印… Ⅱ.①刘… ②吴… Ⅲ.①人物—列传—印度尼西亚 Ⅳ.①K833.42

中国国家版本馆CIP数据核字(2023)第178258号

印度尼西亚9人传：赤道翡翠之国
编　　著：刘强伦　吴碧波
出 版 人：关　宏
责任编辑：梁　媛　侯琴雅
装帧设计：山谷有鱼
出版发行：五洲传播出版社
地　　址：北京市海淀区北三环中路31号生产力大楼B座6层
邮　　编：100088
发行电话：010-82005927，010-82007837
网　　址：http://www.cicc.org.cn，http://www.thatsbooks.com
印　　刷：北京市房山腾龙印刷厂
版　　次：2024年1月第1版第1次印刷
开　　本：32开
印　　张：8
字　　数：250千字
定　　价：49.80元

《"一带一路"列国人物传系》编辑委员会

指导单位： 中国文学艺术界联合会
中国社会科学院国家全球战略智库

编 委 会： 主　任：王　丽
副主任：唐得阳　王灵桂

委　　员：

丁闻琦	丁　超	于　青	于福龙	马细谱	王成军
王　丽	王灵桂	王建沂	王春阳	王郦久	王洪起
王宪举	王　渊	文　炜	孔祥琇	石　岚	白明亮
冯玉芝	成　功	朱可人	刘　文	刘思彤	刘铨超
安国君	许文鸿	许烟华	孙钢宏	孙晓玲	苏　秦
杜荣友	李一鸣	李永全	李永庆	李垂发	李玲玲
李贵方	李润南	李嘉慧	余志和	宋　健	张　宁
张　敏	陈小明	邵诗洋	邵逸文	周由强	周　戎
周国长	庞亚楠	胡圣文	姜林晨	贺　颖	贾仁山
高子华	高宏然	唐岫敏	唐得阳	董　鹏	韩同飞
景　峰	程　稀	谢路军	翟文婧	熊友奇	鞠思佳

支持单位： 中国社会科学院俄罗斯东欧中亚研究所
北京融商一带一路法律与商事服务中心

人物画像： 吴泽浩

法律顾问： 北京德恒律师事务所

总　序
群星闪耀"一带一路"

"2100多年前，中国汉代的张骞肩负和平友好使命，两次出使中亚，开启了中国同中亚各国友好交往的大门，开辟出一条横贯东西、连接欧亚的丝绸之路。"[1]2013年9月7日，中国国家主席习近平在哈萨克斯坦纳扎尔巴耶夫大学发表演讲，以博古通今的睿智对大学生们娓娓道来丝绸之路古老而年轻的故事。

"我的家乡陕西，就位于古丝绸之路的起点。站在这里，回首历史，我仿佛听到了山间回荡的声声驼铃，看到了大漠飘飞的袅袅孤烟。这一切，让我感到十分亲切。哈萨克

---

[1]《习近平谈治国理政》，外文出版社，2014年10月第1版，第287页。

斯坦这片土地,是古丝绸之路经过的地方,曾经为沟通东西方文明,促进不同民族、不同文化相互交流和合作作出过重要贡献。东西方使节、商队、游客、学者、工匠川流不息,沿途各国互通有无、互学互鉴,共同推动了人类文明进步。""不同种族、不同信仰、不同文化背景的国家完全可以共享和平、共同发展。这是古丝绸之路留给我们的宝贵启示。""为了使我们欧亚各国经济联系更加紧密、相互合作更加深入、发展空间更加广阔,我们可以用创新的合作模式,共同建设'丝绸之路经济带'。"[1] 推己及人,高瞻远瞩,引领时代,习主席在阿斯塔纳[2]通过哈萨克斯坦人民,首次向世界发出了让古老的丝路精神再次焕发青春和光彩的时代宣言。

2013年10月3日,习主席在印度尼西亚国会发表了题为《共同建设二十一世纪"海上丝绸之路"》的演讲:"东南亚地区自古以来就是'海上丝绸之路'的重要枢纽,中

---

[1]《习近平谈治国理政》,外文出版社,2014年10月第1版,第287页。
[2] 哈萨克斯坦新首都名称。

全票赞成,一致通过第2344号决议,呼吁国际社会凝聚援助阿富汗共识,通过"一带一路"建设等加强区域经济合作,敦促各方为"一带一路"建设提供安全保障环境。

2017年1月,习近平主席在联合国日内瓦总部发表题为《共同构建人类命运共同体》的重要演讲,全面深入系统阐述人类命运共同体重大理念,在国际上引起热烈反响,受到各方普遍欢迎和高度评价。3月23日,联合国人权理事会第34次会议通过关于"经济、社会、文化权利"和"粮食权"两个决议,决议明确表示要通过"一带一路"建设"构建人类命运共同体"。这是人类命运共同体重大理念首次载入人权理事会决议,标志着这一理念成为国际人权话语体系的重要组成部分。2017年5月,北京喜迎来自"一带一路"相关国家的元首、政府首脑、前政要,以及国际组织负责人,还有专家学者和知名企业家等各界代表上千人,出席"'一带一路'国际合作高峰论坛",共商沿线各国之合作共赢大计。

"一带一路"不是中国的独角戏,是与亚、欧、非洲及世界各国共同奏响的交响乐。中国恪守联合国宪章的宗旨和原则，坚持开放合作、和谐包容、政策沟通，培育政治互信，建立合作共识，协调发展战略、促进贸易便利化及多边合作体制机制。中国携手100多个国家和地区，依托国际大通道，以陆上沿线中心城市为支撑，以重点经贸产业园区为合作平台，共同打造新亚欧大陆桥、中蒙俄、中国—中亚—西亚、中巴、孟中印缅、中国-中南半岛等国际经济合作走廊进展顺利，中欧班列在贸易畅通上动力强劲，风景亮丽；以海上重点港口为节点，共同建设通畅安全高效的运输通道，实现陆海路径的紧密关联和合作，太平洋、印度洋、大西洋上巨轮往来频繁，不亦乐乎。亚太经合组织、亚欧会议、大湄公河次区域合作等有关决议或文件，都体现了"一带一路"建设内容。丝路基金、开发性金融、供应链金融汇聚全球财富，建设绿色、健康、智慧与和平的丝绸之路，增进各国民众福祉。

"一带一路"是人类历史上从未有过的恢弘蓝图，也是横跨亚非欧连接世界各国的暖心红线。"丝绸之路经济带"包括中国经中亚、俄罗斯至欧洲（波罗的海），中国经中亚、西亚至波斯湾、地中海，中国至东南亚、南亚、印度洋；

"21世纪海上丝绸之路"包括从中国沿海港口过南海到印度洋再延伸至欧洲和到南太平洋。一路驼铃声声、舟楫相望,互通有无、友好交往。

在新的时代,在创新古老丝路精神的伟大进程中,习主席专门缅怀丝路开拓者,特意致敬古丝路精神奠基人:"我们的祖先在大漠戈壁上'驰命走驿,不绝于时月',在汪洋大海中'云帆高张,昼夜星驰',走在了古代世界各民族友好交往的前列。甘英、郑和、伊本·白图泰是我们熟悉的中阿交流友好使者。丝绸之路把中国的造纸术、火药、印刷术、指南针经阿拉伯地区传播到欧洲,又把阿拉伯的天文、历法、医药介绍到中国,在文明交流互鉴史上写下了重要篇章。千百年来,丝绸之路承载的和平合作、开放包容、互学互鉴、互利共赢精神薪火相传。"[1]这种吃水不忘挖井人的情怀,再次展现了中华民族不忘历史、纪念先贤、展望未来的优秀文化基因,也为中国传记文学学会参加"一带一路"

---

[1] 习近平:《弘扬丝路精神,深化中阿合作》,2014年6月5日,习近平在中—阿合作论坛第六届部长级会议开幕式上的讲话,《人民日报》6月6日第1版。

"一带一路"
列国人物传系　　印度尼西亚9人传：赤道翡翠之国

建设指明了方向和道路。

在古老的丝绸之路上，我们不曾相忘：张骞出使西域到过的哈萨克斯坦，山高水长的好邻居巴基斯坦，双头鹰下横跨欧亚之国俄罗斯，草原之国蒙古，喜马拉雅浮世天堂尼泊尔，菩提恒河保佑之国印度，文化瑰宝伊朗，首创法典之国伊拉克，红海门户之国也门，石油王国沙特阿拉伯，波斯湾明珠巴林，雪松之国黎巴嫩，海湾之秀科威特，沙漠之巅阿联酋，半岛明珠之国卡塔尔，波斯湾霍尔木兹海峡守门人阿曼，万湖之国白俄罗斯，欧亚十字路口土耳其，流着奶和蜜之地以色列，欧洲粮仓乌克兰，亚平宁半岛上的文化巅峰意大利，阿尔卑斯之巅的瑞士，玫瑰之国保加利亚，与灵魂对话的思辨之国德意志，欧洲文化殿堂法兰西，欧洲客厅比利时，郁金香之国荷兰，热情如火的西班牙，还有绅士国度英国，北非金字塔之国埃及，非洲屋脊奉马蹄莲为国花的埃塞俄比亚，香草大岛之国马达加斯加，等等。

沿着海上丝绸之路，我们会领略丛林花园之国马来西亚，花园国度新加坡，千岛之国菲律宾，赤道翡翠之国印度尼西亚；沿澜沧江一路南下，我们不曾相忘澜湄泽润之国越南，千佛之国泰国，高棉的微笑之国柬埔寨，万象之都老挝，印度洋上明珠之国斯里兰卡，印度洋上的明星和钥匙毛里求斯，堆金积玉之国文莱，追求自由之国东帝汶，印度洋世外桃源马尔代夫，骑在羊背上的国家澳大利亚，上帝的后花园新西兰，等等。

"一带一路"沿线国家里，那些千百年来影响了人类与国家、民族命运并与中国曾经有过交往的古今人物，至今还能在教科书、影视剧里看到他们，还能感受到他们在一代一代年轻人身上所生发的影响和魅力。

当然，对于中国人来说，更为熟悉的是丝绸之路的开拓者。曾记否？丝绸之路开拓者中，有汉武帝和他的使节们，有首开大唐盛世的唐太宗及其无数臣民，有再续睦邻通商航海路的宋祖朝廷和无数先贤，还有金戈铁马风漫卷的元代人物，一统江山万里帆的明代人物，环球凉热自清浊的清代人物，东西碰撞溅火花的近代人物，还有经受风雨变迁、勇立海国之志的现代人物，更有丝路明珠敦煌莫高窟的守护者，卫国助邻的将军和通司中外的外交家们。当然，数风流人物，还看今朝，我们不能不浓墨重彩地讴歌那些智通商海，投身到新丝路建设中的当代人物。

耕云播雨，香火延续，智慧传承，历史再续！2100多年的友好交往历史从未隔断，惠及三大洲的中西交通从未停歇，21世纪的"中国梦"和"世界梦"汇成了人类命运共同体的时代和弦，响彻在"一带一路"辽阔的长空。也正因如此，在2023年的金秋时节，习近平主席同来自五洲四海的新老朋友相聚北京，共同出席第三届"一带一路"国际合作高峰论坛。世界的目光再次聚焦北京、聚焦中国。10年来，在各方的共同努力下，共建"一带一路"从中国倡议走向国际实践，从理念转化为行动，从愿景转变为现实，从谋篇布局的"大写意"到精耕细作的"工笔画"，取得实打实、沉甸甸的成就，成为深受欢迎的国际公共产品和国际合作平台。"一带一路"合作从亚欧大陆延伸到非洲和拉美，150多个国家、30多个国际组织签署共建"一带一路"合作文件，举办3届"一带一路"国际合作高峰论坛，成立了20多个专业领域多边合作平台。[1]这是中华民族和世

---

[1] 习近平在第三届"一带一路"国际合作高峰论坛开幕式上的主旨演讲（全文），2023年10月18日，https://baijiahao.baidu.com/s?id=1780064815242319182&wfr=spider&for=pc。

界历史上都应该铭记的大日子。

"一带一路"沿线国家拥有各自悠久的历史和丰富的文化传统，从古到今，涌现出了许多令人钦佩的人物，他们的成就在促进不同文化之间的民心相通方面发挥了重要作用，他们的贡献有助于加深各国人民之间的理解和合作。以人物传记写作为己任的中国传记文学学会，在"一带一路"倡议实施中，肩负"讲好'一带一路'民心相通好故事"的使命和责任，这也是国家赋予我们的根本职责和任务。在中国文学艺术界联合会的领导下，在中国社会科学院国家全球战略智库指导下，中国传记文学学会以赤诚的家国情怀、强烈的时代精神、为人物传记的责任担当，在认真调研、周密谋划、精心组织基础上，毅然决定倾注全力组织编写、筹资出版"'一带一路'列国人物传系"。此煌煌百卷传系讲述近千名各国卓越人物故事，集数百位专家作家尽心挥毫，冬去春来，夜以继日……幸得各界人士倾力赞助，又得中国出版集团公司华文出版社、当代世界出版社、五洲传播出版社出版发行。于是，各位读者得以读到手中的这套活泼而不失厚重、有趣而不失学养的列国人物合传书卷。

孔子曰:"仁者,人也。"让各国的先贤智者的思想光辉,照亮我们探索人类未来的道路。

传记明志,落笔为文,是为总序。

中国传记文学学会会长

"'一带一路'列国人物传系"编委会主任

王丽 博士

2023 年 10 月 18 日

Introduction: The Star-studded "Belt and Road"

On September 7, 2013, Chinese President Xi Jinping delivered a speech at Kazakhstan's Nazarbayev University, telling college students the ancient yet up to date stories of the Silk Road with well-versed wisdom.

"More than 2,100 years ago during the Han Dynasty (206 BC-220AD), a Chinese envoy named Zhang Qian was sent to Central Asia twice on missions of peace and friendship. His journeys opened the door to friendly contacts between China and Central Asian countries, and started the Silk Road linking east and west, Asia and Europe.

Shaanxi, my home province, is right at the starting point of the ancient Silk Road. Today, as I stand here and look back at that history, I seem to hear the camel bells echoing in the mountains and see the wisp of smoke rising from the desert, and this gives me a specially good feeling.

Kazakhstan, located on the ancient Silk Road, has made an important contribution to the exchanges between the Eastern and Western civilizations and the interactions and cooperation between various nations and cultures. This land has borne witness to a steady stream of envoys, caravans, travelers, scholars and artisans traveling between the East and the West. The exchanges and mutual learning thus made possible promoted the progress of human civilization." [1]

"Countries of different races, beliefs and cultural backgrounds are fully able to share peace and development. This is the valuable inspiration we have drawn from the ancient Silk Road," [2] and "to forge closer economic ties, deepen cooperation and expand

---

[1] *Xi Jinping: The Governance of China*. 1st ed., Foreign Languages Press, Beijing, October 2014, p.311

[2] *Xi Jinping: The Governance of China*. 1st ed., Foreign Languages Press, Beijing, October 2014, p.312

development space in the Eurasian region, we should take an innovative approach and jointly build an economic belt along the Silk Road." [1]

With caring, vision and leadership, through the people of Kazakhstan in Astana, President Xi Jinping, for the first time, has made a declaration to the world that would rejuvenate the spirit of the ancient Silk Road.

On October 3, 2013, President Xi Jinping gave a speech titled "Work Together to Build a 21st-century Maritime Silk Road" at the People's Representative Council of Indonesia.

"Southeast Asia has since ancient times been an important hub along the ancient Maritime Silk Road. China will strengthen maritime cooperation with the ASEAN countries, and the China-ASEAN Maritime Cooperation Fund set up by the Chinese government should be used to develop maritime partnership in a joint effort to build

---

[1] *Xi Jinping: The Governance of China.* 1st ed., Foreign Languages Press, Beijing, October 2014, p.313

the 'Maritime Silk Road' of the 21st century." [1] And "[t]he two sides need to give full rein to our respective strengths to enhance diversity, harmony, inclusiveness and common progress in our region for the benefit of both our people and the people outside the region." [2]

This initiative and the speech on September 7 both express the same idea and echo with each other, completing a grand vision of the "Silk Road Economic Belt" and the "21st Century Maritime Silk Road."

From Kazakhstan in the vast Eurasian hinterland to the beautiful scenery of Indonesia, Xi Jinping's proposed "Silk Road Economic Belt" and "21st Century Maritime Silk Road" have attracted the attention of countries all over the world. From September 2013 to August 2016, Xi visited 37 countries (18 in Asia, 9 in Europe, 3 in Africa, 4 in Latin America and 3 in

---

[1] *Xi Jinping: The Governance of China*. 1st ed., Foreign Languages Press, Beijing, October 2014, p.317

[2] *Xi Jinping: The Governance of China*. 1st ed., Foreign Languages Press, Beijing, October 2014, p.319

Oceania), and fully elaborated on the overall framework and basic connotation of the "Belt and Road" initiative. The Silk Road spirit of peace and cooperation, openness and inclusiveness, mutual learning, and mutual benefit, combined with the idea that projects should be jointly built through consultation to meet the interests of all, dispels the haze of "de-globalization" and injects new kinetic energy into the sluggish growth of the world economy. Many countries have linked up their own economic development to the "Vision and proposed actions outlined on jointly building Silk Road Economic Belt and 21st- Century Maritime Silk Road" proposed by the Chinese government.

The "Belt and Road" initiative advocates policy coordination, facilities connectivity, unimpeded trade, financial integration, and people-to-people bond. With the emphasis on infrastructure build-up, economic and trade cooperation, industrial investment, energy resources development, financial support, people-to-people exchanges, ecological environmental protection, and marine cooperation, the initiative has set off a new momentum in investment, trade activity, technological innovation, and production capacity cooperation in the world. In 2016, China led the establishment of the Asian Infrastructure Investment Bank (AIIB), which was joined by 57 member states. As of June 26, 2018, after six expansions, the total number of members increased to 87, and 28 projects had been carried out in 13 countries. The Bangladesh Power Distribution System Upgrade Expansion Project, the Indonesia National Shanty Town Transformation Project, the Pakistan National Highway Project and the Tajikistan Dushanbe-Uzbekistan Border Road Improvement Project have received financial support from the AIIB. The idea of joint project implementation through consultation to meet the interests of all has since turned into reality .

The "Belt and Road" initiative has drawn strong and positive feedback from the international community. On November 17, 2016, the 71st session of the 193 members of the United Nations General Assembly unanimously endorsed the adoption of resolution A/71/9 to welcome the "Belt and Road" proposal, encouraging all of its member states to boost economic development of Afghanistan and the region through participation in the proposed project. In addition, it called on the international community to provide a safe and secure environment for the implementation of the initiative. On March 17, 2017, the United Nations Security Council voted unanimously to adopt resolution NO. 2344, and called on the international community to rally assistance to Afghanistan, and strengthen regional economic cooperation through the "Belt and Road" initiative, etc. It also urged all parties to provide a safe and secured environment for carrying out the program.

In January 2017, President Xi Jinping delivered a keynote speech at the United Nations Office at Geneva titled "Work Together to Build a Community of Shared Future for Mankind," comprehensively and systematically elucidated the fundamental idea of a community with a shared future for mankind, which echoed enthusiastically in the international community and was widely welcomed and highly applauded by many countries, organizations and political parties. At its 34th meeting, on March 23, the United Nations Human Rights Council adopted two resolutions on "economic, social and cultural rights" and "the right to food," which clearly stated the need to "build a community with a shared future for mankind." This is the first time the landmark concept of a community with a shared future for mankind has been incorporated into a UN Human Rights Council resolution, and it has become an important part of the international human rights discourse system.

The "Belt and Road" is not a solo play by China only, but a symphony played in concert with Asia, Europe, Africa and countries around the world. China abides by the purposes and principles of the UN Charter, advocates openness and cooperation, espouses harmony and inclusiveness, supports policy coordination, fosters political mutual trust, builds consensus on cooperation, coordinates development strategies and promotes trade facilitation and the institutional mechanisms of multilateral cooperation. China has joined hands with more than 100 countries and regions to co- create a new Eurasian continental bridge. This has been accomplished by taking advantage of international transport routes that are supportive of the central cities along the "Belt and Road", and building key economic and trade industrial parks as a platform for cooperation. China-Mongolia-Russia, China-Central Asia-West Asia, China-Pakistan, Bangladesh-China-India-Myanmar, China-Indochina Peninsula and other international economic cooperation corridors are progressing smoothly. China Railway Express accentuates trade and shipping overland between China and Europe with a bright future. Meanwhile, key sea ports also serve as the nodes to jointly build a smooth, safe and efficient transportation network, and hence enables a close connection between land and sea routes. Together with the overland cargo train transportation, the frequent cargo ships sailing on the Pacific, Indian and Atlantic Oceans poses an amazing picture. In summary, the relevant resolutions or documents of the Asia-Pacific Economic Cooperation, the Asia-Europe Meeting, and the Greater Mekong Subregion Economic Cooperation program all embody the "Belt and Road" initiative. By bringing together the world's wealth, Silk Road Fund, development finance, and supply chain finance strive to build a green, healthy, intelligent and peaceful Silk Road, and enhance the well-being of people around the globe.

The "Belt and Road" is a grand blueprint that has never been seen in human history. It is also a warm heart line that connects Asia, Africa and Europe to countries around the world. The Silk Road Economic Belt includes China via Central Asia, Russia to Europe (Baltic Sea), China via Central Asia, West Asia to the Persian Gulf, the Mediterranean Sea, China to Southeast Asia, South Asia, and the Indian Ocean; the 21st Century Maritime Silk Road includes from China's coastal ports to the South China Sea as well as the Indian Ocean that extends to Europe and the South Pacific. Friendly exchanges among countries are just a camel-ride and a boat trip away from each other.

In this new era and the great course of renovating the spirit of the ancient Silk Road, President Xi Jinping dedicated to cherish the pioneers of the Silk Road and particularly pay tribute to the founders of the spirit of the ancient Silk Road:

"In ancient times, our ancestors struggled through deserts and sailed in boundless seas to transport Chinese products to countries overseas, taking a lead in international friendly contact. Along that path, Kan Ying, Zheng He and Ibn Battuta were all known as envoys of this China-Arab friendship. Through the Silk Road, Chinese inventions like paper-making, gunpowder, printing and the magnetic compass were spread to Europe, and Arabic conceptions like astronomy, the calendar and medicine were introduced to China.

For hundreds of years, the spirit that the Silk Road bears, namely, peace and cooperation, openness and inclusiveness, mutual learning, mutual benefits and win-win results, has lived on through generations." [1]

There is a Chinese saying that when you drink the water,

---

[1] Xi Jinping. "Promoting the Silk Road Spirit and Deepening China-Arab Cooperation." Key note speech at the opening ceremony of the 6th Ministerial Meeting of the China-Arab States Cooperation Forum, section one, People's Daily, June 6, 2014.

think of those who dug the well. The implication that the Chinese people never forget history is clearly demonstrated in our excellent cultural tradition of commemorating the sages and at the same time looking forward to the future. It also points out the direction and path for the Chinese Biographical Literature Society to participate in the "Belt and Road" initiative.

On the ancient Silk Road, we have never forgotten Zhang Qian's twice diplomatic missions to the western regions in Han Dynasty that include Kazakhstan, the good neighbor Pakistan with high mountains and beautiful rivers, the double-headed eagle across Eurasian country Russia, grassland country Mongolia, Himalaya floating paradise Nepal, Bodhi Ganges blessed country India, cultural treasure Iran, the first Codex System member country Iraq, Red Sea gateway Yemen, oil kingdom Saudi Arabia, the Persian Gulf pearl Bahrain, cedar country Lebanon, Gulf Star Kuwait, desert peak UAE, the Peninsula pearl Qatar, and Oman —the gatekeeper of Hormuz Strait at Persian Gulf, thousand-lake country Belarus, Turkey at the Eurasian crossroads, Israel—

a land flowing with milk and honey, Ukraine of European granary, Italy—the cultural pinnacle of Apennines, Switzerland at the top of Alpine, rose country Bulgaria, and Germany, a nation famous for great thinkers, France, the center of the European culture, the welcoming and comfortable Belgium, tulip country Netherlands, the warm and sunny Spain, as well as the elegant Britain, pyramid country Egypt in North Africa, Ethiopia on the roof of Africa with the national flower of calla lily, the great Vanilla Island country Madagascar, and so on.

Along the Maritime Silk Road, we will come across Malaysia, the country of jungle gardens, garden country Singapore, the Thousand Islands country Philippines, and Indonesia, an emerald on the equator line. Down the Lancang-Mekong River all the way south, we will experience Vietnam whose land moistened by the Lancang-Mekong River, Thailand, the country of thousand Buddhas, the smiling country of Khmer Cambodia, and Laos, the "Land of a Million Elephants." On the Indian Ocean, we will also see the ocean pearl Sri Lanka, the ocean star Mauritius, the rich and abundant Brunei, the freedom seeker East Timor, the idyllic Maldives, and Australia, a country on the back of the sheep, New Zealand, the back garden of God, and so on.

In the countries along the Belt and Road, those ancient and modern figures who have influenced the destiny of mankind, countries and nations for thousands of years and had dealings with China are still seen in today's textbooks, movies and television dramas. Their influence and charm are still felt by generations of young people.

Certainly, for the Chinese people, we are more familiar with the pioneers of the Silk Road. Have we ever remembered? Among the trail blazers of the Silk Road were Emperor Wu of Han Dynasty and his envoys, Emperor Li Shimin, the co-founder of the Tang Dynasty that epitomized a golden age and his countless subjects, the Song imperial court and numerous sages who continued good-neighbor practice and friendly maritime navigation, as well as the Yuan Dynasty warriors who led armored cavalry with shining spears, the Ming Dynasty figures who unified the country, and the Qing Dynasty characters who maintained a clear mind during global turmoil, as well as the modern individuals who, by learning from both the west and the east in a time of rapid change, had the courage to build a sea power nation. There were also the guardians of Dunhuang Mogao Grottoes known as the Silk Road Pearl, the generals who safeguarded the country and helped the neighbors, and the diplomats who convey information and messages between China and foreign countries. Without a doubt, it is our current era that features true heroes. We can not praise highly enough the contemporary people who have been plunging themselves into the development of the new Silk Road.

Hard work pays off, family line continues, wisdom passes on, and history pushes forward! The history of friendly exchanges and traffic between China and the West, which benefits the four continents, for more than 2,100 years has been nonstop. The "Chinese Dream" and "World Dream" in the 21st century have become the chord of our time for humanity's shared future, resounding on the "Belt, and Road." For this reason, in May 2017,

Beijing welcomed thousands of leaders from all walks of life, including heads of government, former eminent statesmen, well-known entrepreneurs, distinguished experts and scholars from the "Belt and Road" countries, as well as leaders of international organizations to attend the "International Cooperation Summit Forum." This grand event of "Thousands of people's meeting" shared "solidarity, mutual trust, equality, inclusiveness, mutual learning and win-win cooperation"[1] and exchanged views on this "great undertaking benefiting of the people of all countries along the route."[2] This is a big day that should be remembered in the history of the Chinese nation and the world.

In the implementation of the "Belt and Road" initiative, the Chinese Biographical Literature Society that devotes to biography

---

[1] Xi Jinping. *Promote Friendship between Our People and Work Together to Build a Bright Future*. Keynote speech at Nazarbayev University in Kazakhstan. September 7, 2013.

[2] Xi Jinping. *Promote Friendship between Our People and Work Together to Build a Bright Future*. Keynote speech at Nazarbayev University in Kazakhstan. September 7, 2013.

writing, takes as its the mission "telling the good stories" of the "Belt and Road," which is also the responsibilities entrusted to us by the state.

Under the leadership of the China Federation of Literary and Art Circles and the guidance of the National Global Strategic Think Tank of the Chinese Academy of Social Sciences, the Chinese Biographical Literature Society, with its love for the family and the nation, a keen spirit of the age and the responsibility of writing decent biographies, by careful research, thorough planning and thoughtful organization, made an unwavering decision to devote itself to organizing and publishing the "The Legend of the People along the Belt and Road nations". These brilliant volumes of biographies tell the stories of nearly a thousand national characters, involving laborious work from hundreds of expert writers who had been writing day and night over years. Our gratitude extends to the China Intercontinental Press, for the publication and distribution. Thanks to their generosity and effort, readers now have the opportunity to read the vivid yet serious and interesting yet enlightened biographies of outstanding people from many nations.

Confucius said, "Humanity is of humans ." Let the brilliant ideas of the wise men of all nations light up our path to explore the future of mankind.

The biographies are written for high ideals. Herein is the introduction.

President of the Chinese Biographical Literature Society

Director of the Editorial Board of

"The Legend of the People along the Belt and Road"

Dr. Wang Li

March 30, 2019

目　录

引言

01 印度尼西亚国父
——苏加诺　　　　　　　　　　011

02 民族英雄
——朱安达·卡塔维查亚　　　　031

03 印尼第一位女总统
——梅加瓦蒂·苏加诺　　　　　055

04 印尼客家传奇华人
——熊德龙　　　　　　　　　　077

05 清廉先生
——苏西洛　　　　　　　　　　099

06	印尼第一位华人省长 ——钟万学	119

07	左翼文学家 ——普拉姆迪亚·阿南达·杜尔	145

08	羽毛球的忠实守卫 ——叶诚万	171

09	羽坛反手之王 ——陶菲克·希达亚特	195

后 记

Contents

Introduction

The Founding Father of Indonesia: Bung Sukarno / 011

The Hero of National Independence: Djuanda Kartawidjaja / 031

Indonesia's First Female President: Megawati Sukarnoputri / 055

The Legendary Indonesian-Chinese Tycoon: Ted Sioeng / 077

A Man of Integrity: Susilo Bambang Yudhoyono / 099

Jakarta's First Ethnic Chinese Governor: Basuki Tjahaja Purnama / 119

The Pro-Communist Novelist: Pramoedya Ananta Toer / 145

A Loyal Advocate of Badminton: Hendrawan / 171

The King of Backhand Smash: Taufik Hidayat / 195

Afterword

引 言

　　印度尼西亚，全名为印度尼西亚共和国，简称印尼。印度尼西亚地处亚洲与大洋洲之间，是太平洋通向印度洋的交通咽喉地带，首都是雅加达，与巴布亚新几内亚、东帝汶和马来西亚等国家相接。印度尼西亚是马来群岛的一部分，拥有17508个岛屿，是世界上最大的群岛国家。海洋面积约为316万平方千米（不含专属经济区），陆地面积约为190万平方千米。印度尼西亚地跨赤道南北，被誉为"赤道上的翡翠"。

　　大约100万年前，印度尼西亚就有原始人类活动，是人类的发源地之一。考古学家在这里发掘的"爪哇直立猿人"，距今已有50万—70万年历史。公元5世纪，这片土地出现了最早的国家古戴王朝和多罗磨王朝，7世纪70年代出现了第一个统一的王朝室利佛逝。室利佛逝与中国的商旅贸易频繁，佛教也在此时传入。13世纪末，爪哇建立了强大的麻喏巴歇王朝，统一印度尼西亚，奠定了今天印度尼西亚版图的基础。从 15 世纪起，印度尼西亚先后遭到葡萄牙、西班牙、英国、荷兰、日本的入侵，直到 1945 年独立，成立印度尼西亚共和国。

印尼是总统制共和国，沿用《"四五"宪法》。总统是国家元首、政府首脑和武装部队最高统帅。印尼国家最高权力机关由人民代表会议（即国会）和地方代表理事会共同组成，其职能有制定、修改和颁布宪法，以及任命或弹劾正副总统。印尼实行多党制，国内主要大党有：民主斗争党、专业集团党、建设团结党、民族觉醒党、国家使命党等。国家武装力量由正规军和准军事部队组成，设立陆、海、空 3 个军种，担负国防安全任务。

在经济方面，印度尼西亚在 20 世纪 60 年代以后，尤其是 80 年代保持了快速的发展。近 20 年来，印尼国内形势稳定，政府大量引进外资，使得本土的石油、天然气和森林等资源得到了大力开发，制造业和农业也得到了长足发展。印尼是世界上最大的棕榈油生产国，纸张类也占有很大的出口比重，另外渔业资源丰富，捕捞量极大。

近年来，印尼制造业增长速度均超过经济增长速度。其中采矿业为印度尼西亚提供了非常可观的经济效益。虽然印尼的工业化水平相对不高，但外贸增速稳定，在国民经济中占有重要的地位。

2008年，印尼政府恰当地应对了国际金融危机，经济仍保持平稳增长。印尼的热带经济作物产量居世界首位，农林净出口额位居亚洲首位。印尼也是世界上旅游资源最丰富的地区之一，旅游业发达，是印尼创汇的重要行业。

印度尼西亚拥有2.7亿（2022年）人口，世界排名第四。全国有300多个民族，最多的是爪哇族人口占45%，巽他族14%，马都拉族7.5%，马来族7.5%，其他26%。多民族决定了语言的多样性，印尼共有200多种语言，官方语言为印度尼西亚语。印尼是世界上穆斯林人口最多的国家，大约87%的人口信奉伊斯兰教，6.1%的人口信奉基督教，3.6%信奉天主教，其余信奉印度教、佛教和原始拜物教等。

印度尼西亚的华人是最勤奋、低调的人群，最早来自中国南方的广东和福建，如今已经在印尼扎根，繁衍了三四代。印度尼西亚华人有2500多万，广东人占了将近一半。他们从事的行业覆盖饮食、建筑、商贸、渔业、地热、发电，以及加工制造等方面，在印度尼西亚的经济中占有重要地位。

华人在印度尼西亚的影响始于明代郑和下西洋。印度尼西亚是丝绸之路的重要节点，如今纪念郑和的遗迹遍布各地，"郑和"已经成为其重要的文化元素，如三保洞、郑和庙等；还有以郑和命名的三宝垄市、泗水郑和清真寺。

传闻，郑和的船队到达雅加达北海岸后，有的船员和当地姑娘结了婚，留在了此地，为了纪念"三保大人"郑和，就在当地建了寺庙。600多年后，这座古色古香的寺庙仍然屹立在白沙路上。庙中最醒目的是庙墙上的4块相框，每个相框内都贴着100张与中国、与郑和有关的庙宇的照片。庙主说，照片是一个名叫余祝安的人走遍印度尼西亚拍摄的。这些照片中就有1张是三宝垄的大觉寺。大觉寺建于1725年，也是为了纪念"三保大人"郑和而建。但是随着时间的推移，这里渐渐演变成了中国文化的集汇，如今寺内除了供奉"三保大人"郑和，还供奉了观音菩萨、天后妈祖、普贤菩萨、文殊菩萨、地藏王菩萨、关圣帝、太上老君、城隍老爷、广泽尊王、保生大帝、福德正神、至圣先师、清水师祖、玄天上帝,甚至供奉着姜太公。

印度尼西亚前总统瓦希德与中国有着不解之缘,他的祖先就是跟随郑和于永乐十五年(1417年)第五次下西洋的陈金汉。当船队到达印度尼西亚后,他就留在泗水定居了。瓦希德是被赞为印度尼西亚"民主之父"的改革家,但不为人知的是,在他就任印度尼西亚总统前,曾两次中风,双目几乎失明,部分听力丧失。此外他还患有糖尿病,需要长期依靠轮椅活动,走路必须由人搀扶。当时的瓦希德已经试过多种治疗方法,但均不见效。一日,其妻子辛塔·努里娅说:"之前听说有中医可以调理身体,标本同治,还能治疗西医所不能涉及的疾病,我们可以试试。"瓦希德听后也觉得这个方法值得一试,因为他祖上是福建人,小时候,父母只要遇到头疼脑热一类的小病,就用针灸、拔罐和刮痧等方法治疗,效果甚好。于是瓦希德就对辛塔·努里娅说:"可以试一试,可是我们国家没有比较好的中医师傅。"辛塔·努里娅笑着对瓦希德说:"难道你忘了你的先祖就是福建人了吗?你可以在访华期间找一找靠谱的中医。"瓦希德听后恍然大悟,于是决定在下次访华期间寻找中医为自己治病。瓦希德与中国的情缘不只于此,他还曾于 2003 年,亲临中国福建永泉晋江市寻祖认宗。瓦希德最后一次来到中国,是 2007 年 11 月。当时他应中国有关部门邀请,偕夫人辛塔·努里娅乘专机到合肥,进行为期 3 天的宗教文化交流。

印度尼西亚现在仍留存大量的华人文化。据记载,郑和每次下西洋,都会配备一支上百人的特殊队伍——中医师,这些医师每到一处就会采办药品,并在当地传授医术。在印度尼西亚,直到现在中医还备受欢迎。当年中医师留下一种草药(液体)——Jambu(印度尼西亚语),有治愈感冒、提神的功效,在印度尼西亚十分流行。

在印度尼西亚各大城市的餐厅,菜单上几乎都有"Soto",内容包含有鸡肉、羊肉、牛肉等几十种食物。不过,很难想到的是风行印度尼西亚的美食——"Soto",竟然是中文"烧肚"的谐音。当初广东人、福建人初到印度尼西亚,不适应当地湿、凉的环境,于是主人就将鸡块放进汤里煮了招待中国人,中国人就将这个称作"烧肚"。

除了"烧肚"外,印度尼西亚语中还有 1100 多个词语含有中国元素，如美食"Mie""Bihun""Bakso"就是福建话"面""米粉""肉丸"的谐音，"Pangking"是福建话房间的谐音，还有"Ike"（一角）"Facai"（发财）等，都带有广东和福建语音。

印度尼西亚与中国在政治、经贸方面的交流也颇有成就。印度尼西亚是最早承认新中国的周边国家之一。1950年4月13日，两国建交。1955年4月，印度尼西亚在万隆举办亚非会议，中国政府总理周恩来突破重重阻力，亲自率团参加，并提出"和平共处、求同存异"的倡议，得到了亚非国家的热烈响应。自此中国打开了多边外交舞台的重要通道，印尼与中国的友好关系由此进入黄金时代。1990年，中国和印度尼西亚恢复外交关系以来，双边贸易一直处于上升的势头。2010年，两国的双边贸易额达到427.5亿美元，同比增长50.6%。2011年，双边贸易额为605.79亿美元，同比增长22.49%。2012年，双边贸易额为662亿美元，是1990年双边贸易额的56倍。2022年，中印尼双边贸易额达到1490.9亿美元，同比增长19.8%。中国连续10年成为印尼最大的贸易伙伴。

作为"千岛之国"的印度尼西亚，它以其优越的地理位置使其贸易不断壮大，也成为海上丝绸之路不可缺少的一个环节。如果想要深入了解这个国家，就可以从了解这个国家的精英开始。本书所记述的人物有：印度尼西亚第一任总统苏加诺，以其政治胸怀致力于民族独立斗争；民族英雄朱安达以其不懈的努力，维护了国家的统一和发展；印度尼西亚第一位女总统梅加瓦蒂以其女性的魅力，被人们亲切地称为"梅佳"，成为印度尼西亚最受欢迎的总统；华人省长熊德龙以其胆识和毅力，创造了自己富有传奇色彩的一生；"思想将军"苏西洛·班邦·尤多约诺以其军事眼光和冷静的头脑，致力于国家稳定和经济发展；华裔省长钟万学以其强硬的政治手腕，致力于清廉的政治风气，深得人心；叶诚万以其精湛的小球技术，创造了个人辉煌的1998年；陶菲克·希达亚特是羽坛男单运动员中第一位集奥运会、亚运会、世锦赛、汤姆斯杯冠军于一身的大满贯球员；普拉姆迪亚·阿南达·杜尔以其"人道主义"的情怀，写下了可歌可泣的《南万丹发生的故事》……这些人为促进印度尼西亚发展，推动印度尼西亚经济发展做出了自己的贡献，虽然江山代有才人出，但是他们的贡献不可磨灭，他们在印度尼西亚的历史长卷上留下了浓墨重彩的一笔！

印度尼西亚素有"陶瓷之路"的称号，这也是中国与印度尼西亚友好交往的见证。在如今"一带一路"倡议推进下，通过了解这些人物，深入了解印尼的历史和发展以及印尼与中国在海洋经济领域的合作，并实现共赢，具有十分重要的意义。

印度尼西亚国父
——苏加诺

苏加诺（1901—1970年），印度尼西亚共和国第一任总统，爪哇族人，出生于东爪哇苏腊巴亚（泗水）的土著贵族家庭。1916年，苏加诺在泗水的荷兰中学就读，1925年毕业于万隆工学院，获得土木工程学士学位。在校期间，苏加诺参加伊斯兰教联盟、爪哇青年会等组织的民族主义活动。1927年7月，苏加诺组织印度尼西亚民族联盟，反抗荷兰殖民统治，致力于民族独立斗争。1929年，苏加诺被荷兰殖民政府逮捕入狱，1932年获释后参加印度尼西亚党，任主席，1933年，苏加诺再次被捕。1945年，日本投降，他宣布印尼独立，并任总统。1948年12月，苏加诺再次被荷兰政府逮捕流放，直到1949年8月才被释放。1949年12月，荷兰殖民主义者被赶出印尼，苏加诺再度当选为总统。1955年，他积极倡导并参加亚非会议，1959年兼任总理，并先后任最高议院主席、最高战时掌权者、民族阵线主席等职务。1965年，发生"印尼9·30事件"后，苏加诺的总统权力被军人集团剥夺。

　　苏加诺一生都在为实现民族独立而奋斗，在职期间一贯主张执行反帝反殖的不结盟外交政策，促进了亚非人民的团结合作，被称为"印尼国父"。

01 艰辛的革命斗争

15世纪初，西方列强大肆入侵印度尼西亚，政府不断割地给侵略者，印度尼西亚开始沦为殖民地。到18世纪末，荷兰人在印度尼西亚当地设立政府，对反对他们统治的当地革命人士大举镇压，当地人民面对不断爆发的战争和殖民主义者的压迫，生活穷困，度日如年。

1901年6月6日，苏加诺出生在东爪哇苏腊巴亚（泗水）的一个土著贵族家庭里。他的父母都是当地有名的老师。苏加诺自幼受家庭氛围的熏陶，非常喜欢读书，上学时成绩也是一直名列前茅。1916年，苏加诺在泗水的荷兰中学就读。1925年，24岁的苏加诺毕业于万隆工学院，获工学学士学位。学生时代，他就加入了民族主义运动。就学期间参加伊斯兰教联盟、爪哇青年会等组织，从事爱国民主活动，反抗荷兰殖民统治。随着年龄的增长，苏加诺的爱国之心日益强烈。当他看到自己国家的人民处在水深火热之中，决心改变这一切。1927年7月，他和朋友一起组建了印度尼西亚民族联盟，1928年3月又将其改组为印度尼西亚民族党，并担任主席。苏加诺打算通过"不合作"的手段重新夺回印度尼西亚的政权，早日成立印度尼西亚共和国。

1928年12月，印尼民族党与伊斯兰教联盟、至善社、泗水研究会等组成印尼民族政治联盟，苏加诺任主席。当时，他领导的独立运动遭到了当地荷兰政府的残酷镇压。在1929年12月的一次斗争中，苏加诺被荷兰军队俘获并关进了监狱，在监狱里受尽了各种酷刑，但他意志顽强，从没有打算放弃过自己的理想。1931年，在入狱两年后苏加诺被释放。出狱后，苏加诺即刻团结了新的独立力量，继续自己的革命事业，荷兰政府高层知道后大怒，下了追捕命令并决定将他软禁一生。1933年，他又不幸被荷兰当局抓捕，此后在荷兰监狱里度过了难熬的8年，身心都受到了极大的伤害。1942年，日军侵占印度尼西亚，赶走了当地的荷兰政府，苏加诺才被释放了出来。一度，苏加诺还以为日本人是想帮助他们实现民族独立，是正义的一方，只是当看到日本人跟荷兰人一样在当地设立政府，对同胞实行殖民剥削制度之时，他才醒悟，日本人也是罪恶的侵略者。他决定成立抗日组织，并领导了多次抗日作战。经过3年的激战，1945年日本最终宣布无条件投降。苏加诺随即发表了《独立宣言》，宣告印度尼西亚共和国正式成立。作为抗战领导人的苏加诺被推选为总统。

日本人投降后，荷兰人又回到了印度尼西亚，企图将其再一次变为自己的殖民地。为了守护国土，苏加诺亲自率领军队迎战，使得士气大振。在前两次大战中，印尼军都大获全胜。1948年，眼看就要把荷兰军队逼出边境，只可惜荷兰军队经过短暂休整后再次向印度尼西亚内地发起了进攻。在这场战役中，印度尼西亚军队遭到了埋伏，损失了多半士兵。12月，总统苏加诺也被荷兰军队俘获，流放到了孤岛。印度尼西亚军队为了救苏加诺总统出来，撤退到了边远的山区，坚持打游击战争，荷兰军队此后并未占到上风。在印度尼西亚人民的顽强抵抗下，荷兰军队最终退出了印度尼西亚的国土，印度尼西亚再次统一。1949年12月，苏加诺再次当选总统，继续自己未完成的政治事业。

02 与中国的友好交往

执政后,苏加诺奉行独立自主的外交政策,坚持不结盟外交,反对帝国主义的干涉。1950年4月13日,印尼同中国建交。苏加诺积极倡导并参加1955年在万隆召开的亚非会议,为促进亚非人民的团结做出了重要贡献。

1956年,印度尼西亚总统苏加诺受邀访问中国。此次访问,毛泽东主席亲自接待了他,两人一见如故,相谈甚欢,就国际国内问题展开了热烈的讨论,从国家大事聊到了个人生活。

毛泽东将苏加诺总统安排在中南海附近的高级饭店。为了表示东道主的好客,毛泽东还操办宴会宴请苏加诺,让苏加诺总统很是感动。

苏加诺是一个非常注重外在形象的人,很爱干净,来中国之前,他让随从带了他的许多衣服和鞋子,便于换洗。到达北京之后,苏加诺习惯一天换一身衣服,换下来的脏衣服由饭店的服务人员清洗,苏加诺的随从们告诉这些服务人员衣服一定要洗干净，上面不能有任何污渍，洗好的衣服不能折叠，最好是把这些衣服挂起来，否则衣服上会有很多印记，总统也会非常不高兴。因为早已得知苏加诺总统来华后要在这个饭店住下，饭店的服务人员提前翻阅了大量资料，对苏加诺总统的生活习惯和饮食着装有着深入的了解，甚至做好了服务策划。所以总统随从们提出的要求他们都给予满足。每天早上，他们还帮忙搭配好总统的衣服和鞋子，他们会根据总统要出席的不同场合、不同时间和不同活动，分别搭配多套服装，在服装上写上编号，总统需要穿的时候直接拿就好。他们的服务让苏加诺总统非常满意，曾多次表达赞赏。他对饭店的服务人员说："你们的服务真是很周到啊，我都不想回去了，下次再来中国，还得在你们饭店住，到时候我就不带自己的服务人员了。"回印度尼西亚之前，他再三向饭店的工作人员表达了感谢，并拿出了许多银质烟盒要送给这些服务人员。饭店工作人员多次表示这些是自己应该做的工作，不能收总统的东西，只是总统一再坚持，最终服务人员在外交部门的许可下收下了这些象征着两国友好关系的礼物。

苏加诺访华期间恰逢中国国庆，中国政府举办了国庆宴，中国高层领导都受邀参加，毛泽东主席邀请苏加诺总统一起赴宴以示友好。苏加诺总统在宴会上见到了周恩来、朱德等中国领导人，并进行了亲切交谈。苏加诺席间多次敬酒，表达了自己希望中华人民共和国更加繁荣，中国和印尼永远交好的愿望。

1961年，苏加诺总统向中国发出邀请，希望有中医前往印度尼西亚为他治病。为了维护中印两国的深厚友谊，中国国务院总理周恩来立即派医疗组前往印度尼西亚。医疗小组到达后先会见了中国驻印度尼西亚大使姚仲明。姚大使向他们简单陈述了苏加诺的病况："他患的是肾结石，左肾失去了自身功能，当地医生建议切除整个坏肾，但总统不愿意，后来听说中医有其他的办法，便让使者邀请中国的名医来印度尼西亚。"第二天，苏加诺总统的医疗小组来到中国医疗小组所在的饭店，就总统的病情和治疗方案进行了讨论，他们对中国医疗小组的诊治方法表示了认可。

几天后，苏加诺总统亲自接待了不远万里来到印度尼西亚的中国医疗小组，并开始接受第一次治疗。他对中医的号脉有很大的兴趣，不断询问通过把脉怎么看出一个很大的病症。中国医疗小组的组长吴阶平也一一解答他的疑虑。随后，吴阶平提出了要给苏加诺总统针灸。苏加诺不太愿意了。他觉得这样可能会伤到他的身体。为了获得苏加诺总统的信任，吴阶平只得把针扎在自己的手上，并向他介绍针灸的效果，苏加诺这才勉强答应针灸治疗。针扎进去后要在身体里停留一会，为了减轻苏加诺总统的痛苦，吴阶平不断和他聊天，分散他的注意力。吴阶平和他谈论了引起肾结石的原因和先前的治疗经验，他告诉苏加诺，这种病他之前在中国见过很多次。通过他的治疗，病人的情况大多有所好转，听后苏加诺总统更加信任吴阶平了。半小时后他把针全部拿了下来，苏加诺顿感全身轻松，肾也没有之前那么疼了。总统十分开心，夸赞了中国医疗小组的医术，并希望可以尽快进行第二次治疗。当天晚上苏加诺总统大摆宴席宴请吴阶平一行人，饭后又邀请他们去自己的别墅看电影。

经过4个月的治疗，苏加诺总统的肾功能逐渐康复，吴阶平看总统的身体已经没有大碍，决定带着他的医疗小组回国。苏加诺总统一再挽留,吴阶平表示需要他们的时候,通知一声他们就会来。此后,苏加诺总统身体稍微感到不舒服,首先想到的是中国的医疗小组,多次发出邀请。吴阶平先后去了印度尼西亚 5 次,每次都出色地完成了任务。中国的医疗小组为中国和印尼两国的友好做出了积极贡献,堪比优秀的外交官。

03 / 多情的浪子

苏加诺总统风流多情,明媒正娶的妻子就有 4 位,个个长得漂亮。

苏加诺总统的第一个妻子是英吉特,比他大 12 岁。他们的婚姻一开始并没有多少爱情,只不过苏加诺要完成统一祖国的理想,就必须得到英吉特家族的支持,于是就和英吉特结了婚。他们在 20 世纪 30 年代结婚。婚后英吉特爱上了这个英俊潇洒的年轻人。她不但是苏加诺的忠贞伴侣，也是苏加诺反抗荷兰殖民统治、争取民族独立斗争的亲密战友。她为苏加诺提供丰富的物质条件，还非常支持苏加诺的事业，不断给他打通关系，让他得到了许多政府高官的支持。因为出身书香门第，英吉特在民族大义面前和苏加诺有着一致的观点，坚决反对外敌入侵，为印度尼西亚共和国的独立而战斗，这点也让苏加诺刮目相看。苏加诺第一次就任总统时不过40岁，而英吉特已经年逾50了，加上长期的辛劳，英吉特看上去更年老。新政府刚刚成立，有许多外交活动，而这些活动大多需要领导人的夫人陪同参加。为了让苏加诺不失面子，英吉特主动提出了离婚，并给他物色了一个年轻漂亮的女孩法玛瓦蒂。法玛瓦蒂是英吉特的养女，嫁给苏加诺时才17岁。日本投降后，荷兰军队再次入侵印度尼西亚，想把印度尼西亚划为自己的殖民地。为了保卫祖国，苏加诺总统亲自率领军队迎战侵略者。之后荷兰殖民军入侵印度尼西亚共和国。一次战争中，苏加诺不幸被俘，并被囚禁在了荷兰的监狱中，印度尼西亚全国陷入恐慌之中。听到苏加诺被捕的消息，英吉特十分着急，立刻前往监狱探望，每日为他送饭，还给他传递了很多关于外界的消息。此时的英吉特早已经和苏加诺总统离婚了。此外,英吉特开始在全国各地演讲,严厉谴责荷兰军队的无耻行为,为苏加诺鸣不平。荷兰政府迫于舆论压力,最终将苏加诺释放了。

英吉特是一个敢于斗争,勇敢坚强,有牺牲精神的奇女子。她的一生都在为爱奔波,也甘愿为爱放弃原本属于自己的一切。1970年,苏加诺病逝后英吉特坚持前往灵堂送别,哭到不能自已,之后身体状况越发糟糕,不久离开了人世。

苏加诺总统的第二任妻子法玛瓦蒂,不仅长得非常漂亮,而且自幼接受教育,相当有气质,苏加诺很喜欢和她谈论一些政治上的事情。他对法玛瓦蒂对国家大事的见解非常认同。法玛瓦蒂为苏加诺总统生育了3个女孩和1个男孩,长女梅加瓦蒂在苏加诺离世后担任了印度尼西亚共和国的第五任总统。刚结婚的一段时间,苏加诺和法玛瓦蒂非常相爱,但随着时间的流逝,因为分属不同民族(法玛瓦蒂是苏门答腊的马来族人),加上法玛瓦蒂性格倔强,为人刚直不阿,有独立的见解,从不人云亦云,更不依附权势，两人经常因为语言差异和生活习惯的不同发生争吵，谁也不肯轻易低头。久而久之，夫妻之间出现了不可修复的裂痕，再也回不到从前。

1954年，法玛瓦蒂得知了苏加诺和哈蒂妮的地下恋情，十分气愤，立即回到总统府收拾了自己的东西便离开了，此后再也没有回来。为了顾忌总统的颜面，法玛瓦蒂并没有提出离婚，只是两人的婚姻已经名存实亡。法玛瓦蒂早年跟着苏加诺参加革命斗争，为祖国的独立而战，印度尼西亚共和国的成立与她的努力有一定的关系。她的功劳得到了民众的一致认可，在群众心中有很高的地位，甚至印度尼西亚共和国成立后升起的第一面国旗都是她裁制而成，其影响力可见一斑。

法玛瓦蒂从总统府搬出后，依然从事各种政治活动，并且一直担任印度尼西亚全国妇女协会主席的职位。因为深受当地人民的尊重和爱戴，即使她和苏加诺总统分居多年，依然被大家亲切地称为"第一夫人"。

苏加诺的第三任妻子是哈蒂妮。两人是在一次聚会上结识，此时的哈蒂妮已婚，并且育有5个孩子。她的丈夫是当地有名的石油公司的高管，家庭条件优越。因她的丈夫经常在风月场出现，故花名在外。哈蒂妮知道这些事情后，因为不想自己的孩子没有父亲，只得忍气吞声，直到她遇见了苏加诺。苏加诺的温柔、体贴让这个精神饱受折磨的女人得到了一点安慰，她开始依赖苏加诺，向丈夫提出离婚，毅然决然地抛下5个孩子，和苏加诺生活在了一起。此事传开后引起了全国各界人士的不满。一方面他们对哈蒂妮的出身提出质疑；另一方面他们也想为自己敬重的法玛瓦蒂讨公道。一时间，苏加诺面临众叛亲离的局面，甚至遭到了人民群众的责骂和政界人士的批评。为了应对这一困境，苏加诺通过演说的方式表明自己和哈蒂妮的结合是合法合理的，一场闹剧就此收场。因为这一场风波，哈蒂妮几乎从不出现在公共场合，闲暇时间都在总统房里度过。婚后，哈蒂妮又为苏加诺添了两个男孩，后来逐渐被印度尼西亚群众所接受，并称其为"印度尼西亚第二夫人"。

苏加诺的第四任妻子名叫黛薇，是个地道的日本人。黛薇家庭条件非常艰苦。为了供弟弟上学，黛薇高中还没有念完就辍学了。因为文化程度不高，黛薇找不到能胜任的工作，于是做了艺妓。她每月发了工资之后只留下少许的生活费用，其余的钱全部寄给了弟弟。只是她成为艺妓的事情传到了弟弟所在的学校，所有的同学都用异样的眼光看她弟弟，甚至当着她弟弟的面谈论艺妓有多么恶心。黛薇的弟弟受不了这些流言蜚语，久而久之患上了抑郁症，最终自杀而亡，黛薇因此大受打击。

18岁的黛薇在一家酒吧工作时，正好苏加诺总统访问日本，日本的朋友带他来这家酒吧玩。苏加诺看到这位曼妙女郎，对她一见钟情。18岁的黛薇看着尚且稚嫩却又不乏妩媚。他当即决定要娶这个女人并把她带回了印度尼西亚。苏加诺和黛薇在1962年正式结婚，他十分宠爱这个妻子，为她建造了宫殿，而且以黛薇已经离世的弟弟名字八曾男命名，这让黛薇感动不已。

苏加诺还经常亲自开车带着黛薇四处游玩，带她看电影，为她举办生日聚会，一起看印度尼西亚美丽的夜景，还带她参加各种外交活动。苏加诺总统甚至多次表示，百年后希望和黛薇葬在一起。但是好景不长。1967年，印度尼西亚发生了政变，苏加诺总统被废黜并软禁在"八曾男宫"

时，黛薇却以生孩子为由，离开了重病中的苏加诺，在东京和巴黎悠闲自在地"享受着解放了的个人私生活的乐趣"和"愉快的生活"，她一走就是3年。而这时，在病榻前陪伴孤独老人的只有哈蒂妮夫人和法玛瓦蒂的几个子女。苏加诺在弥留之际仍对黛薇一往情深，在病榻前多次轻声呼唤着黛薇的归来。

苏加诺终于等到了黛薇的归来，但此时已昏迷不醒，尔后去世。黛薇"第一夫人"之梦破灭，从此流亡国外，开始了长久的漂泊生活，晚景凄凉。多年后，她回到日本凭借美丽外貌出演电视，成为了日本明星。

04 / 个性鲜明的总统

苏加诺总统是一个非常有魄力的领导者，他对印度尼西亚共和国的成立有着不可磨灭的贡献，然而当他掌握了政权之后，由于缺少治国的经验和才能，不会制定政策，外交能力也非常缺乏，使得一个新成立的国家不但没有站稳脚跟，蒸蒸日上，反而更加落后，人民的生活苦不堪言。苏加诺当上了总统，并没把心思放在治国理政上，而是沉湎于自己奢华的生活。他甚至非常骄傲自己长相十分出众，造就了目中无人的个性。因为革命期间几次被荷兰军队抓捕入狱，受尽了冷眼与折磨，他非常痛恨荷兰人。上任后，苏加诺几次对荷属新几内亚（印尼人称之为西伊利安）提出领土要求，并下令强攻了荷兰占领的这个孤岛，将其划作自己国家的殖民地，也为此付出了一定的代价。

作为总统的苏加诺也没有经济头脑，印度尼西亚的人口众多，土地肥沃，但是苏加诺从来没有计划利用已有的自然资源改善人民的生活质量，只是不断通过演讲给群众所谓的精神支撑。另外，他还过着奢靡的生活，任意挥霍，大肆发动战争，使得国家通货膨胀现象严重，贫富差距巨大，经济更加落后。

苏加诺总统喜欢演讲，他经常把革命当作自己的毕生事业。他热爱革命，并总是从积极的角度去看待这件事情。他认为，一个国家如果没有革命很难向前发展，尽管革命会给人们带来暂时的痛苦，但从长远来看这是一件好事，革命从来不应该停止，因为它引领着历史的潮流。所以他经常召集人民群众发表演讲。苏加诺的口才出众，语言有极大的感染力，经常说得群众热血沸腾。他演讲的内容多是关于革命的。在他看来，革命代表着尊严，包含着自由，因此提到革命他可以滔滔不绝地说上好久。

苏加诺很注意生活细节。他在意自己的外在形象，穿着打扮都要经过再三斟酌。外客来访时，他会在为客人准备的房间里放两种洗澡用具，一种是古老的水桶式，一种是现代的淋浴式，客人可以根据自己的喜好随意选择。一次，美国总统到印度尼西亚访问，苏加诺听说他非常喜欢喝咖啡，便吩咐工作人员多准备些美式咖啡。美国总统看到咖啡时相当惊讶，很是满意。

作为总统的苏加诺也缺乏社会责任感，他总是以自己的意愿为依据执政，很少考虑到公众的利益。他喜欢发动战争，只为满足自己的好胜心理，他进行了各种演说美化战争，用蛊惑力的语言把战争描述为保持民族自尊心的工具，让人们把对未来的希望寄托在劳民伤财的战争中，这也是后来他被迫下台的重要原因。

苏加诺有一个纲领——从殖民统治下取得自由。他希望国家可以独立，摆脱外来入侵者的统治。他做到了这一点，这对印度尼西亚来说是具有划时代历史意义的。只是他的统治对印度尼西亚人民来说并不是一件幸事在他的治理下，人民的生活状况并没有得到改善，但是他依然把他们掌握在自己手中。究其原因，一是由于"曼达加"的口号具有激动人心的力量；二是由于他本人具有一种生机勃勃的吸引力和演说家的气质，对那些崇拜英雄的人来说是很容易受到感染的。

虽然苏加诺没有能力提高人民的生活水平，但他对所有的百姓非常尊重。他在任期间，经常下车来和人们握手、交谈，对穷人也没有一丝一毫的轻视。他经常去农民的家中做客，跟着人家吃烤红薯，甚至在农民家里住上几天体验生活，这让当地百姓深受感动。

1956年，苏加诺解散国会，开始个人独裁，国内形势急剧恶化。同时，印尼的外交也出现了问题。1963年，印尼先后和美国、苏联闹翻，同多个国家关系恶化。1965年

1月，印尼宣布退出联合国，正式孤立于国际社会之外。

内政外交的失衡，导致国家发生严重动荡。1965年9月，印尼发生政变。雅加达军区司令苏哈托借平息叛乱之机在全国开展"清共运动"，半年多时间，印尼全国被捕人数多达50万，其中一半被处死，华人居多。印尼的许多华人华侨就是在这个时候为躲避屠杀回到新中国的。

1967年3月，苏哈托逼迫苏加诺让位。1970年6月，苏加诺在软禁中辞世。

民族英雄
——朱安达·卡塔维查亚

朱安达（1911—1963年），印度尼西亚无党派政治家，生于西爪哇打横的一个教员家庭，属印尼巽他族，穆斯林。朱安达幼年先是在打横的一所印尼人学校上小学，后转入一所荷兰人学校读初中。1924年到万隆读高中，1929年进入万隆工程学院（今万隆工科大学的前身）深造，1933年获得工学学士学位，此后进入政界。1945年，日本投降后，朱安达被任命为爪哇和马都拉岛铁路管理局局长，同年任交通部副部长。此后在印度尼西亚前16届内阁中，他12次入阁，主要担任交通部部长或经济部部长，被称作"马拉松式的部长"。1957年，朱安达被任命为总理兼国防部部长，负责组阁。任职总理期间，他参与了收复西伊里安、反对地方分裂的斗争，发表了著名的《朱安达宣言》等。1959年，朱安达任内阁首席部长兼财政部部长。1963年，经过他多年的努力，印尼政府收回了被荷兰占领的西伊里安。

朱安达从政期间一直将民族和国家利益放在最前面，奉行独立自主的对外政策，团结国内各党派和政治集团，重视经济建设，为印尼的独立、统一和发展做出了贡献，被印尼人民称为"国家之子"。

01 出身高贵的工学学士

1911年的印度尼西亚还是当时荷兰的殖民地荷属东印度，这年的1月14日，朱安达出生在印度尼西亚西爪哇一个叫打横的地方。他是井里汶苏丹宫廷的巽他族贵族后人，身上流着贵族的血脉。朱安达的祖上原先生活在井里汶，后来迁到打横。他的父亲在当地一所学校教书，是一名教员，母亲是一名家庭妇女。朱安达从小就表现出卓越的政治才能。他平时跟随父亲走街串巷，看到了很多处于社会底层的人，意识到社会阶层的差距之大，幼小的心灵对此颇有感触，开始琢磨如何改变这种情况，由此可见，朱安达小时候就有高度的政治敏感度和社会责任感。

朱安达在一所荷兰人学校读初中时，接受西式教育，开始接触西方文化。在读书期间，他一直担任班长、委员，出类拔萃。

1924年初中毕业后，朱安达离开打横，前往西爪哇首府万隆读书，他的高中、大学都是在万隆就读的。1929年，高中毕业的朱安达就读于万隆工程学院（今万隆工科大学）。起初他想报一个与政治相关的专业，这样一毕业就可以参加市议会选举，进而进入政府工作。但父母不同意他去政府工作，希望他能掌握一项技术，大学毕业后就留在西爪哇。在父母的坚持下，朱安达只得放弃自己的梦想，成为了一名工科生。

大学期间，朱安达过得并不快乐。他对父母抱怨过多次，希望父母可以同意他转系，但这一想法被父母否决了。1933年5月，朱安达大学毕业。为了摆脱父母的管束，他离开了西爪哇，成为了一名老师。在学校教书期间，校长因为一些事情选择了离职。为了选出一位新的校长来管理学校的大小事务，校方举行了一场选拔赛，朱安达脱颖而出，成为这所学校的校长。

4年之后，也就是1937年，朱安达终于说服了父母同意他去政府工作。于是他离开学校，回到了西爪哇。刚到西爪哇时，朱安达并没有找到适合的工作岗位。无奈之下，他只能找了一份与他大学专业相关的工作，在水利局做工程师。1939年，朱安达晋升为水利局的高级顾问。在这期间，他受巴达维亚政府的邀请，积极参加过一些政府的工作。这成为他进入政府工作的准备期。

1941年，太平洋战争爆发。日本侵略军为了抢占太平洋海域，与美国军队展开大规模海战。在这场战役中，日本侵略者以极快的速度，在短短一年的时间内，控制了东南亚的大部分地区。日本在占领荷属东印度后，立即将其首府巴达维亚改名为雅加达，以宣示自己的绝对控制权。在国家面临危难的时刻，朱安达更加坚定了自己进入政府工作的决心。这年，正逢雅加达市议会（市议会是市政府兼议决权和行政权的行政机构）的市议员选举，朱安达报名参选，但未能入选。但这次失败并没有打垮他，他依然时时刻刻地关注着印度尼西亚政府的动态。

02 / "马拉松式的部长"

在"二战"及先前的被殖民统治过程中，印度尼西亚人民意识到了国家独立的重要性。1945年8月15日，日本正式宣布无条件投降。印度尼西亚人民意识到这是一个国家实现独立的好时机。于是，8月17日，印度尼西亚独立战争爆发，而这一战争的开始是以《印度尼西亚独立宣言》的签署为开端。这一宣言由独立运动领袖苏加诺和穆罕默德·哈达共同签署。1945年8月17日，印度尼西亚共和国正式成立。印度尼西亚共和国第一任总统由在印度尼西亚独立战争中起先锋作用的苏加诺担任。而朱安达在今后的政治生涯中一直与苏加诺总统合作。9月28日，朱安达带领年轻的印尼民族主义者们从日本当局手中接管了铁路管理局，之后又接管了矿产管理局、市政管理局、住房管理局以及万隆北部的一个军需仓库。在朱安达的带领下，印度尼西亚政府的管理权逐渐被收回。从1945年9月28日起，日本逐渐退出对印度尼西亚铁路、矿产、市政、住房的管理。由于朱安达在印度尼西亚独立战争中起了重要作用，苏加诺领导的共和国政府任命朱安达为爪哇和马都拉岛铁路管理局局长。同年，朱安达进入交通部，任交通部副部长。在印度尼西亚共和国总理组建的内阁中，朱安达12次进入内阁，并多次担任交通部部长，其中包括苏丹·夏赫里尔总理的第二和第三届内阁，阿米尔·谢里夫丁总理的第一和第二届内阁。

在印度尼西亚开始独立战争，宣布成立印度尼西亚共和国后，荷兰仍抱有再次入主印度尼西亚的想法，并得到英国的支持，英、荷联合再次入侵印度尼西亚。英军打头阵，率先入侵印度尼西亚。印度尼西亚在武器不敌对方的情况下，拼死抵抗英国的入侵。在武器、粮食不足，以及官兵对印度尼西亚环境不适应的情况下，英国很快就选择了撤退。英军撤退后，荷兰又单独发起了一次进攻。为了掩盖其侵略的不正义性，荷兰将进攻美化为"第一次警卫行动"。荷、英两国共发起了3次进攻，均因印度尼西亚人民的坚决反抗而未能得逞。

在战争解决不了问题的情况下，联合国建议两国进行一次协商。荷兰和印尼双方同意了联合国的意见，于是在1947年12月8日举行了一场谈判会。该谈判会地点定在了一艘美国船舰上。谈判会的主动权掌握在以美国等国家为首的西方大国手里，很明显印度尼西亚处于不利状态。在这次协商谈判中，朱安达代表印度尼西亚出席。预料之中，印度尼西亚独立的愿望再一次落空。但印度尼西亚一直没有放弃，双方又进行了多次协商，协商的结果就是《伦维尔协定》的签署。该协定规定双方停止交战，印度尼西亚的大部分土地将交与荷兰政府管理，印度尼西亚将成为印度尼西亚合众国，即印度尼西亚联邦共和国的一员。该合众国及其"临时联邦政府"其实就是荷兰管理印度尼西亚的傀儡政权。该协定的签订只是使印度尼西亚免受战争带来的灾难，却让荷兰再一次插手印度尼西亚的国家管理。对于这样的谈判结果，印度尼西亚人民大多表示不满。印度尼西亚的马斯友美党对该协定表示了坚决的否定，并质疑政府签署这样的协定意义何在？马斯友美党以退出内阁表达其不满。

1948年1月23日，谢里夫丁的第二届内阁宣布解散。新一任总理由副总理穆罕默德·哈达继任。他于1月29日正式就任后，便立即着手内阁的组建。新一届内阁组建后，由朱安达担任交通部部长，公共工程部的部长一职也由他暂代，直到1948年4月13日卸职。1948年12月19日，荷兰为了镇压印度尼西亚人民的反抗，发动了第二次侵略战争，也被称作"第二次警卫行动"。荷兰凭借着进攻优势，很快攻占了印度尼西亚共和国临时首都日惹，逮捕了苏加诺、穆罕默德·哈达，以及包括朱安达在内的全体内阁成员，还将部分领导人流放在外。在被囚禁期间，荷方劝说朱安达为他们在印度尼西亚的临时政府效力，并承诺他高官厚禄，但朱安达拒绝了他们的要求，因此遭到了荷军的暴打。

荷兰对印度尼西亚的再次殖民战争引起了世界上其他国家的不满。许多国家纷纷谴责了其攻占日惹，并逮捕印尼政府人员的行为。1949年，在多方的压力下，荷兰军队撤离了日惹，印度尼西亚共和国的领导人重获自由。在穆罕默德·哈达组建的第二届内阁，朱安达就任国务部部长。1949年8月27日，海牙举行的印度尼西亚—荷兰圆桌会议，就荷兰、印尼两国存在的问题再次进行协商。印度尼西亚共和国，印度尼西亚各傀儡邦政府以及联合国印度尼西亚委员会皆派出代表出席了会议。11月20日，会议结束，荷兰、印尼两国签订了《圆桌会议协定》，在该协定中，荷兰首次承认了印度尼西亚的独立，但该协定还规定印度尼西亚必须实行联邦制,荷兰还享有诸多特权。在荷方的催促下,1949年12月27日,印度尼西亚联邦共和国成立,原任总统、总理继续就职。该协定签定后,印度尼西亚人民对荷兰仍有特权颇有微词。1950年8月15日,单一制印度尼西亚共和国成立,得到了印度尼西亚民众的广泛支持。至此,印度尼西亚独立运动以印度尼西亚实现独立结束。但实际上,印度尼西亚并没有实现完全的独立。印度尼西亚实现完全的独立是在1956年4月21日,以废除《圆桌会议协定》为标志的。从这以后,印度尼西亚才开始以独立国家的身份在国际舞台上绽放光彩。1949年12月19日,荷军撤离日惹,苏加诺获得自由后,继续就任总统,并开始着手组建新一届内阁。朱安达在12月20日成立的新一届内阁中任经济部部长。

印度尼西亚独立战争结束后,即1950年8月15日以后,朱安达又先后3次进入内阁,均任交通部部长。这3次入阁分别是1950年9月6日组建的穆罕默德·纳席尔内阁、1951年4月27日组建的苏基曼·维尔约桑佐约内阁和1952年4月1日组建的韦洛坡内阁。他在阿里·沙斯特罗阿米佐约总理的第二届内阁中任国务部部长。不久，该内阁中的原财务部部长离职，由他代理财政部部长。

朱安达在多年的内阁部长任上，为印度尼西亚的发展做了多方努力。比如，朱安达以经济部部长的身份为了印度尼西亚进出口贸易的问题多次飞往美国，与美国进行谈判。他还请求美国为印度尼西亚提供进出口银行贷款，但美国最终拒绝了他的请求。1951年12月，朱安达飞往日本，向日本就"二战"期间对印度尼西亚造成的伤害索要战争赔偿。在他任总理期间这一问题得以妥善解决。他还与日方就两国经济贸易问题进行商谈。朱安达还提出了印度尼西亚社会经济发展的第一个五年计划（1956—1960年）。

由于朱安达进入内阁的次数多达12次，且在内阁期间他大多就任交通部部长或经济部部长之类的部长职务，"马拉松式的部长"也由此得名。

03 / 最后一任总理

印度尼西亚共和国成立后,印度尼西亚实现统一,但印度尼西亚内部仍存在着一系列问题。如,地方分裂主义日益猖獗,党派斗争激烈,军队掌握过多权力,内阁更迭频繁等。此时的印度尼西亚政局动荡不安。由民族主义、宗教主义和共产主义三派代表人物组成的纳萨贡(纳萨贡是印尼语中 Nasakom 一词的音译,是印尼语中民族主义 Nasionalisme、宗教 Agama、共产主义 Komunisme 三个词的缩写)内阁的想法就是在这样的情况下提出的。

苏加诺企图通过扩大总统权力来解决一系列社会问题。加强中央集权虽然有利于地方管理,解决地方问题,但也会带来过于专权的问题。随着全国军事管制的实行,阿里·沙斯特罗阿米佐约的第二届内阁也在1957年3月份宣布辞职。苏加诺加强自身权力的行为引发了很多人的不满,苏加诺组建纳萨贡内阁的提议遭到部分党派的抵制。为了推卸责任,他将组阁这一烫手山芋交给了无党派政治家朱安达。

1957年4月7日，朱安达升任总理兼任国防部部长，就任后的第一件事就是组阁。朱安达内阁成员共有23名，以无党派人士居多。朱安达组阁的种种行为，被认为是苏加诺安抚右翼和外岛分离主义者的表现。人们对他这位备受尊重的无党派政治家，也开始有了不一样的评论。朱安达为了更好地组织内阁班子，使内阁发挥重要作用，他为他的内阁制定了5条政治纲领。其主要内容包括：成立民族委员会，稳定社会，实现国家管理正常化；废除《圆桌会议协定》，以彻底实现印度尼西亚独立；成立民族委员会完成收复西伊里安这一首要任务；加强印度尼西亚经济方面的建设，尽快实现现代化等。而事实证明，朱安达所提出的这些政治纲领在他任总理期间一一得以实现。

在朱安达就任总理期间，虽然荷兰已经退出印度尼西亚，印度尼西亚名义上是个独立国家，但印度尼西亚的领地西伊里安实际上还掌握在荷兰人手中，因而收复西伊里安，实现印度尼西亚领地的完整，则成为他的首要工作。1957年11月29日晚上，朱安达召开内阁会议，主要就如何解放西伊里安进行商讨。这次会议最终确定由朱安达总理兼任国防部部长全权负责解放西伊里安的大小一切事宜。解放西伊里安行动委员会组建，废除《圆桌会议协定》也提上日程。第二天，朱安达就解放西伊里安的事情面向全国人民发表了广播演说，希望得到广大印度尼西亚人的支持。朱安达此举引来了荷兰方面的不满。在朱安达发表演说的当天，苏加诺总统就遭遇了行刺，不过幸好行刺阴谋未能得逞。这件事后，印度尼西亚人民对于荷兰越发不满。12月1日，朱安达总理就苏加诺总统遇刺的事件再次发表了演说。他承诺会对此事进行彻查，并采取必要措施。同时，他还提醒印度尼西亚人民在反荷斗争中要注意自己的安全，爱国的同时要保护好自己。

1957年12月，印度尼西亚政府开始了一系列驱逐荷兰殖民者出境的行动。印度尼西亚共产党领导的工会逐渐接管了国内荷兰人投资或开办的企业。印度尼西亚人民也自发地接管了部分荷兰企业。12月4日，朱安达领导的内阁也开始了一系列收复西伊里安的行动。这天，印度尼西亚政府关闭了荷兰驻印度尼西亚的所有领事馆，并强势要求所有领事馆人员迁离印度尼西亚。12月5日，朱安达内阁又以一些其他原因赶走了部分荷兰人，并禁止荷兰企业转移利润，印尼政府给予他们的福利基金也一并作废。同时，政府还为印度尼西亚人民接管的荷兰企业建立了一个管理委员会。如果荷兰企业想继续运作，必须处于印度尼西亚政府的监督下，受管理委员会管理。朱安达还以内阁总理身份接管了荷兰皇家轮船公司及他们的码头和仓库。12月9日，在朱安达内阁的支持下，印度尼西亚政府将所有荷兰种植园，以及种植园附属工厂和农业试验站没收，并将它们划归在政府名下，原有的印度尼西亚工人可以继续工作。朱安达在对抗荷兰殖民者的同时也不忘维护印度尼西亚人民的利益，这是他颇得口碑的原因。但朱安达让政府接管荷兰企业的做法也引发了外界猜测。外界认为他是在削弱工会的实力，但朱安达并未对此事做出回应。12月21日后，解放西伊里安由新建立的朱安达领导的印度尼西亚国家安全委员会全权负责，解放西伊里安行动委员会也就失去了存在的价值。

在解放西伊里安的行动中，印度尼西亚内部也是风波不断，掌握军权的陆军参谋长阿卜杜尔·哈里斯·纳苏蒂安为了与以印度尼西亚共产党为代表的左翼党派争权夺利，用武力将工会没收的荷兰企业纳到军队名下。解放西伊里安全国阵线的成立则让纳苏蒂安更加有恃无恐。这一阵线组织于1958年1月11日成立，指挥权掌握在军队手里，纳苏蒂安自任为主席。他还提出要求，让朱安达将解放西伊里安的事情全权交给他负责。朱安达在看到自己提出的政策没有很好地解决国家的问题后，同意了纳苏蒂安的要求。1958年2月10日，朱安达向国会做了声明，正式将解放西伊里安的工作交给军队。他声明以后西伊里安的大小事务均由纳苏蒂安及解放西伊里安全国阵线负责，但是政府在解放西伊里安这件事上仍会提供必要帮助，并不会完全放手。

虽然，在朱安达任总理期间收复西伊里安的工作困难重重，但他在前期准备工作中发挥了重要作用，为最后成功收复失地奠定了基础。1963年5月1日，西伊里安最终回归。

朱安达就任总理前，印度尼西亚就存在很严重的地方分裂问题，朱安达一直都追求用和平的方式解决问题。新旧内阁移交仪式于1957年4月10日上午召开，朱安达在正式就任总理的仪式上就宣称，组建新内阁后会首先着手处理地方问题。他认为地方在经济上存在着很大的问题，所以会帮助地方优先发展经济，而中央政府会为地方建设提供最大帮助。他有信心能够解决地方问题。

5月，朱安达展开了解决地方问题的工作，成立印度尼西亚民族委员会是第一步。朱安达提交的民族委员会成员名单并没有得到所有人的支持，右翼党派就持有异议。但最终名单还是以多数人同意得以通过。他们认为，朱安达组建内阁，建立委员会都是受到苏加诺总统的指示，而朱安达所做的一切只是为了实现苏加诺的集权。朱安达只是"苏加诺的橡皮图章"。他们强烈建议由前副总统哈达负责组建新一届内阁，并解散朱安达内阁。在这些言论没有实质证据的情况下，朱安达强烈谴责这些言论，并保证了他组阁只是为了保证印度尼西亚社会的稳定。同年7月18日，朱安达发表公报，承诺中央政府会尽全力解决地方关于行政、经济等多方面的问题。第二天他就立即动身前往印度尼西亚东部，并与当地领导人会晤，进行了友好亲切的交谈。

但朱安达所做的工作并没有取得实质性的成果，地方分裂势力仍在不断壮大。1957年9月10日到14日，朱安达内阁召开了全国协商会议，就地方问题讨论协商。朱安达主持了这场会议，还邀请了前副总统哈达参加议会，但这次会议对解决问题并没有任何帮助。两个月后再次召开的全国发展会议也没有达到预期的效果。

就在朱安达对地方问题愁眉不展时，以苏门答腊为代表的地方分裂势力联合右翼分子发动了叛乱。他们打出了削弱苏加诺总统权力，实现印度尼西亚真正民主的旗号。他们多次要求解散朱安达内阁，并于 1958 年 2 月 10 日再一次提出这一要求，并声称这是最后一次和政府的非武力对话。如果苏加诺总统不同意，他们就会以武力实现印度尼西亚的民主。朱安达发表声明称，他不会同意叛乱分子的无理要求，并且会辞退参与叛乱的相关人员。这个声明的发表激怒了叛乱分子。2 月 15 日，叛乱分子宣布建立"印度尼西亚共和国革命政府"，并将新政府定都于西苏门答腊省的武吉丁宜市。不久后，北苏拉威西省的首府万鸦老也有叛乱分子发动叛乱。面对地方频发的叛乱，朱安达强调会采取相应的措施，但同时表示会尽量不使用武力。他始终认为和平是解决所有问题最好的方式。但国内政党意见不一，大部分人主张通过武力镇压叛乱，只有少部分人与朱安达站在同一阵线上，主张通过协商谈判解决问题。最终，苏加诺总统听从了大部分人的意见，用武装力量镇压地方反叛势力。双方经过多次交战，中央政府在1958年6月26日收复万鸦老，地方叛乱以失败告终。

这场叛乱对印尼的国家稳定和经济发展带来了破坏性的影响，但很多外国势力为了自己的私利，对叛乱集团的叛乱行为明里暗里地予以支持。

朱安达在平叛地方分裂主义时，一直坚持和平主义，但并没有取得实质性进展，反而使分裂集团有机可乘，发动叛乱，掌握了部分地方的管理权。其实，朱安达的出发点是好的，他希望既可以解决地方问题，又可以使百姓免受战争危害。

朱安达在任总理期间做了很多有意义的事情，其中就包括发表《朱安达宣言》。该宣言称，印度尼西亚是由众多岛屿组成的国家，印度尼西亚中央政府管理印度尼西亚各岛屿之间的水域是理所应当的。而印度尼西亚的领海范围远不止1939年《领海与海洋环境条例》中规定的范围。他认为，印度尼西亚的领海应该包括印度尼西亚领海基线以外的12

海里水域。《朱安达宣言》遭到了美国和澳大利亚的反对，他们只将印度尼西亚领海基线 3 海里以内的海域看作是印度尼西亚的领海，这样他们就可以管理剩余的海域。美国和澳大利亚不断对印度尼西亚施压，但朱安达仍坚持了自己的主张。在他和他的继任者坚持不懈的努力下，1982 年的《联合国海洋法公约》修改了领海范围的概念，将其领海扩展到领海基线 12 海里以外的水域。朱安达的坚持保护了印度尼西亚作为主权国家的权利，使印度尼西亚总领土面积增加到 770 万平方千米。

1959 年 7 月 5 日，《1945 年宪法》正式启用，印度尼西亚的议会内阁制也恢复为总统内阁制。朱安达表示他的内阁是建立在议会内阁制的基础上，既然议会内阁制已不复存在，那么朱安达内阁也该解散了。苏加诺总统挽留过他，但他表达了对现有印度尼西亚政治的失望。而苏加诺总统表示，朱安达若彻底退出印度尼西亚政治，印度尼西亚就真的会面临考验。朱安达不得不重新考虑他辞职的事情。7 月 6 日，苏加诺总统批准了朱安达辞职的申请，但他应总统要求要继续工作到新一届内阁成立。朱安达辞任总理后，苏加诺总统并未重新选任总理，而是由苏加诺兼任总理。在印度尼西亚第二任总统苏哈托就任后，废除了印度尼西亚总理这一职位，所以朱安达也被认为是印度尼西亚最后一任总理。

1959年7月9日，苏加诺总统组建新一任内阁，直到此后苏加诺组建的第二、第三届内阁中，朱安达都任中央政府首席部长一职。在第一、第二届内阁中，朱安达还兼任财政部部长。即使不再是组建内阁的总理，但朱安达在内阁中仍有着重要的身份和地位，可见苏加诺总统对他信任有加。在苏加诺总统外出访问时，朱安达就会担起临时总统一职，代权管理印度尼西亚事务。

朱安达实行反对帝国主义、反对殖民主义、与很多国家保持良好关系的方针。在他任职期间，访问过苏联、波兰人民共和国等7个东欧社会主义国家。虽然他对西方持敌对立场，但对美国一直有较好的态度。在印度尼西亚出现经济危机时，他接受了美国提供的贷款资助。

在朱安达担任首席部长期间，身体每况愈下。1962年9月，他飞往日本养病，并在日本待了一个月。从日本休养回来后，他的身体状况并没有多少好转。有一段时间，他甚至不能正常工作。

04 / 朱安达与中国

朱安达在外交政策方面一直奉行独立自主，坚持靠自己。他还盛赞了1955年4月18日在印度尼西亚万隆召开的亚非会议，并充分肯定了周恩来总理提出的五项原则，同时表示会坚定地施行。

1971年，中国重返联合国时，朱安达代表的印度尼西亚起了一定的作用。而且，他也代表印度尼西亚发言，称他们会始终坚持一个中国的原则，对于那些分裂国家的不法分子表示强烈谴责。他希望台海两岸可以通过和平方式解决问题，避免不必要的伤害。

朱安达认为，台湾、西藏等问题都是中国的内政问题，其他国家强插一脚的行为违反国际法则。他也表示印度尼西亚不会参与其他国家的内政问题，他也希望其他国家也能做到相互尊重。但朱安达却对印度尼西亚华侨持排斥立场，为此，中国政府还与印度尼西亚多次进行交涉。

1963年11月6日下午，朱安达及其妻子、女儿应雅加达一家旅馆的邀请为其开业仪式剪彩。而这也成了他最后一次在公众面前露面。这天晚上11时25分，朱安达突发心脏病，20分钟后失去脉搏。他的私人医生赶到后立即做了抢救措施，但未能将朱安达从死亡线上拉回来。1963年11月7日凌晨1时，朱安达离开了人世，离开了他奉献了一辈子的印度尼西亚。当天，印度尼西亚政府发布声明，证实了朱安达首席部长去世的消息，并对朱安达部长的突然离世表示惋惜。

11月7日上午，印度尼西亚中央政府部分领导人及其他国家外交领事馆去了朱安达生前的住所悼念并安慰了他的妻子及孩子。当天下午，苏加诺总统为朱安达举行了葬礼，印度尼西亚政府人员及外交使节都应邀参加了葬礼。雅加达政府及市民都下半旗为其默哀。这一年，苏加诺总统将朱安达追认为"印度尼西亚民族英雄"。

对于朱安达的逝世，中华人民共和国国务院总理周恩来、中华人民共和国国务院副总理兼外交部长陈毅和中国印度尼西亚友好协会会长、中国伊斯兰教协会主任包尔汉都发唁电表示哀悼。

朱安达这一生做了很多事情，做过老师，当过校长，成为过工程师，入过内阁，当过交通部部长、经济部部长，也担任过首席部长，还做过总理。每件事都做得很好。但他又是个很执拗的人，一直坚持不加入任何党派，"和平"二字是他处事的首要原则，而这一原则坚持了一辈子。朱安达说，他就是为印度尼西亚而生，他会在印度尼西亚的前线工作到生命结束。朱安达用行动实践了自己的诺言。

印尼第一位女总统
——梅加瓦蒂·苏加诺

梅加瓦蒂·苏加诺（1947—），印度尼西亚共和国的第五任总统、印尼历史上第一位女总统，出生于爪哇日惹市，在雅加达总统府长大，是印度尼西亚第一任总统苏加诺的长女。梅加瓦蒂大学就读于帕查查兰大学农业学院和印度尼西亚大学。苏加诺倒台后，梅加瓦蒂凭借自己的努力于1987年当选国会议员，1993年和1996年两次当选印尼民主党总主席，后因受到苏哈托的排斥而退党。1998年，梅加瓦蒂组建印尼民主斗争党并被选为雅加达支部主席。1999年6月，她领导民主斗争党在大选中获胜，同年10月出任副总统。2001年，梅加瓦蒂出任印尼第五任总统。梅加瓦蒂在从政期间一直积极弘扬民族精神，反对宗教和种族歧视，致力于缓和党派矛盾，使国内局势逐渐走向稳定，并凭借敏锐的政治头脑和亲民务实的品格，获得了人民的拥护和支持。梅加瓦蒂开创了印度尼西亚女性当总统的先河，以女性的角度和智慧管理着印度尼西亚，为印度尼西亚的美好明天奔走奋斗着。

01 倔强绽放的毛茉莉

1947年1月23日,在印度尼西亚爪哇日惹市的一家医院里,一声婴儿洪亮的啼哭声打破了清晨的宁静。法玛瓦蒂不顾生产后的虚弱和疼痛,欣喜地抱起这个哭得正起劲儿的小生命,苏加诺看着自己的妻子和新生的女儿,幸福地笑了。这个名叫法玛瓦蒂的产妇是他的第二位夫人。他们不会想到,怀中抱着的可爱的女婴,日后也会成为一位伟大的总统。苏加诺给这个心爱的女儿取名为蒂雅·帕尔玛塔·梅加瓦蒂·斯蒂亚瓦蒂·苏加诺普特丽,"苏加诺普特丽"的意思是"苏加诺的女儿"。

梅加瓦蒂的降生为苏加诺家族注入新的生命力。总统府里的美丽园林因为这个小姑娘的到来显得愈加热闹。小梅加瓦蒂一天天地长大,越来越聪明、活泼,对身边的一切都充满好奇,总是喋喋不休地问个没完。她每天都很快乐,一双漆黑的大眼睛总是忽闪忽闪的。苏加诺每次看到笑嘻嘻的梅加瓦蒂,都会点点她的小鼻子,亲切地称她为"爱笑的梅佳"。全家上下都非常喜欢这个活泼聪明的小姑娘，苏加诺更是视她为掌上明珠。

苏加诺本人从小深受爪哇文化的影响，崇尚和平、和谐、和睦的思想，他学识广博，看问题见解独特，头脑灵活、风趣幽默。他平易近人，和人交谈不摆架子，人民都非常喜欢这位总统。他还是一个多愁善感的人，看到夕阳落日，会感慨时光流年，拿来映射人生。他还喜欢文学，尤其醉心于优美的诗歌，常常在聚会上给下属们吟诵诗歌，要是有人和他谈论诗歌，他会感到非常开心。小梅加瓦蒂在父亲的耳濡目染下，也对诗歌产生了浓厚的兴趣。

梅加瓦蒂的母亲法玛瓦蒂曾是苏加诺的发妻英吉特的养女，是一个标准的大家闺秀，她端庄、美丽、知性、大方，而且接受过高等教育。她被苏加诺的英俊和正义感深深地吸引，觉得苏加诺是一个值得为之生儿育女、托付一生的男人，她不是不知道苏加诺之前的那些风流情史，她觉得自己可以改变他，让他从此对爱情对家庭付以忠诚。两人在苏加诺当总统之前便结婚了。婚后，她为苏加诺生下了一男一女，长女梅加瓦蒂是她非常宠爱的女儿。不久后，法玛瓦蒂又给这个家族添了两个女孩儿。儿女成群,家庭和睦,丈夫事业有成,她感到了由衷的幸福和满足。

梅加瓦蒂到了上学的年龄,父亲把她送到了当地的学校里。梅加瓦蒂是如此地喜欢学校和书籍,新奇的知识给小梅加瓦蒂打开了通往新世界的大门。梅加瓦蒂沉浸在读书和学习之中,性格也变得安静起来。除了看书,她最喜欢的就是和父亲一起进餐,无论早餐、午餐还是晚餐,只要梅加瓦蒂和父亲坐在一起,父亲都会亲切地询问她的学校情况,问她最近读了什么书,而且还会和梅加瓦蒂一起探讨问题,让小梅加瓦蒂发表自己的观点,并针对梅加瓦蒂的观点提出自己的建议和意见。苏加诺有意培养着小梅加瓦蒂独立思考问题的能力和习惯,因为他认为,一个人无论做什么事,如果没有自己独立的一套行为准则,没有自己独立的思考,那么他很难在事业上取得成功。他希望女儿将来能有所成就,如果能和自己一样在政坛上有所作为的话那最好不过,但他绝不会左右女儿自己的意志,他希望儿遵从自己内心的选择。

生活不总是一帆风顺的,小梅加瓦蒂并不知道看似平静的家庭生活背后正酝酿着一场风波。母亲法玛瓦蒂最先发现了丈夫的异常，但她什么也没有说。她看着餐桌上其乐融融的父子几个，苏加诺正在耐心地回答梅加瓦蒂提出的"奇怪的"问题。丈夫是爱孩子们的，法玛瓦蒂这样想着。然而事实证明，她的直觉是正确的。不久之后，媒体就曝光了苏加诺在外面有情妇的消息，法玛瓦蒂心碎欲裂，她质问丈夫，而丈夫无比坦然的回答让她的心彻底跌到了谷底——苏加诺承认了自己有情妇的事实，但他希望妻子理解自己，并且就此相安无事地生活下去。在印度尼西亚，男人滥情是司空见惯的，非但不觉得耻辱，相反证明这个男人有魅力。

苏加诺想错了，法玛瓦蒂不是一个懦弱的、惯于妥协的传统印度尼西亚妇女，她的性格是如此的刚烈，她虽然爱着自己的孩子，但她不愿让自己的忠贞和爱情蒙尘。她不顾苏加诺的乞求，毅然决然地搬离了总统行宫。7岁的梅加瓦蒂并不知道发生了什么，母亲的眼里满是悲伤和愧疚。法玛瓦蒂深深地看着自己的长女，千思万绪涌上心头。"对不起……妈妈爱你们……"转身离开了这个她倾注过爱和希望的地方。法玛瓦蒂早期跟随苏加诺参加独立斗争,为印尼的革命事业立过汗马功劳。1945年8月17日,印尼共和国宣布独立时,在首都雅加达升起的第一面红白国旗,就是法玛瓦蒂亲手缝制的。因此,法玛瓦蒂在印度尼西亚享有极高的声望,人民都尊敬、爱戴这位可敬的第一夫人。

母亲的离开让小小的梅加瓦蒂一下子成长起来,她甚至可以帮助保姆照顾自己的弟弟妹妹。等到真正明白母亲的离去和选择,已经是梅加瓦蒂长大的时候。她同情母亲的遭遇,但也无法恨自己的父亲,因为这不是父亲个人的问题,而是印度尼西亚传统思想中根深蒂固的对女性的束缚和歧视,父母离异后的这段童年经历也坚定了她终其一生为女性争取权益而斗争的信念。母亲离开了,生活还在继续。梅加瓦蒂逐渐对政治产生浓厚的兴趣,苏加诺也乐得和女儿谈论这些问题。梅加瓦蒂经常请求父亲带她去参加各种政治会议,随性惯了的苏加诺很爽快地答应了。14岁的梅加瓦蒂跟着父亲参加了人生中第一个重要的会议——不结盟运动会议。梅加瓦蒂穿上了正装,摆出一副特别严肃的表情。苏加诺被女儿小大人似的表情逗笑了。会议开始时,确实如同梅加瓦蒂想的那样,会场里的每一个人都一板一眼的。梅加瓦蒂有些无聊,但还是强打起精神、睁大的眼睛看着这群侃侃而谈的首脑人物,聚精会神地听着,忽然听到他们好像在说"蓝色多瑙河"。梅加瓦蒂想起来自己前不久去过一次多瑙河,然而看到的却是一条深褐色的、死气沉沉的臭水河。想到这里,梅加瓦蒂插了一句:"哪里是什么蓝色的多瑙河啊!明明是深褐色的!"会场一下子安静了下来,然后大家不约而同地哈哈大笑起来,他们被这个单纯直率的小姑娘逗乐了。梅加瓦蒂感到有些窘迫,她在想自己是不是刚刚说了一些蠢话,这些人都在笑话她呢?苏加诺转过来安慰自己的女儿:"哦,亲爱的!你不觉得在你的发言过后,会场的气氛活跃多了吗?"大家纷纷夸赞起这个可爱率真的小姑娘:"总统先生,您的女儿能在这样的场合里和我们愉快地聊天,她将来一定会是一名出色的政治家!"说完大家又都笑了。少女时代参加的这次会议果真成为梅加瓦蒂日后走上政治道路的起点,这是她一生都极其珍视的美好回忆,也是她人生中带给她启迪的课程之一。

17岁的时候,梅加瓦蒂经历人生中最大的一场变故——

父亲遭到了来自政敌苏哈托家族的迫害，他们勾结国外势力逼迫父亲下台。苏哈托家族一直是苏加诺家族的死敌。这些年来，随着苏加诺出任总统，双方的矛盾愈演愈烈，直至不可调和的地步。苏哈托家族是印度尼西亚右翼势力和军国主义势力的代表，他们崇尚暴力和独裁，多次在国内掀起风波，甚至制造流血事件。苏加诺家族向来崇尚和平，反对暴力，他们和这些极端的、野心勃勃的军国主义分子的斗争也一直没有停止。但这次，苏加诺家族惨败了。1965年"印尼9·30事件"以后，苏加诺的总统权力逐步被军人集团剥夺。1967年3月，苏加诺被迫下台，整个家族的命运发生180度的大反转，他们遭到了苏哈托家族的软禁，并且被终身剥夺政治权利。

此时正在读农业大学的梅加瓦蒂不得不中止学业。父亲的失败让她看清楚自己的命运和选择，来自苏哈托家族的迫害更是激起她的斗志，她明白自己肩负的责任，那便是为印度尼西亚所有热爱和平的人的权益而斗争。

毛茉莉，一种并不起眼的小白花，却被选为印度尼西亚的国花，印度尼西亚人民偏爱它的纯洁和坚韧。每当风雨来临，牡丹悄然失色，玫瑰馨香不再，毛茉莉却愈加芳香沁鼻，它不畏狂风急雨，即便在寒风里瑟缩，也绝不低头，倔强地绽放着。梅加瓦蒂·苏加诺就如同一株坚韧的毛茉莉，肩负着苏加诺家族和印度尼西亚全民族的明天，勇敢地走上曲折而又漫长的从政之路。

02 / 重挫后的真爱

1965 年，苏加诺总统下台并遭软禁，此后的梅加瓦蒂一直过着清贫的生活。她和苏林多结婚之后，也许是因为习惯的原因，一直都保持着很节俭的习惯。苏林多是印度尼西亚空军的中尉，家里也算富裕。两个人的生活除了满足基本的衣食住行之外还绰绰有余。也许是梅加瓦蒂遵循多年的习惯，所以她并不会过很奢侈的生活，况且还有一点是源于梅加瓦蒂 17 岁之后艰苦的生活，让她知道了生活的不容易，钱财的来之不易。梅加瓦蒂和苏林多在一起这么长的时间，早就相互融入彼此的生命当中。两个人结婚后的生活也是有滋有味，梅加瓦蒂此时只是在家里做一个家庭主妇，苏林多作为中尉，工作也是相当繁忙。刚结婚的两个人甜蜜如初，每次苏林多外出回来，两个人的感情都会增加一分，梅加瓦蒂就更加珍惜两个人在一起相处的机会，所有两个人在一起的时光都是弥足珍贵的。然而好景不长，上天总是喜欢给相爱的人开玩笑。1970年，也就是父亲去世的同年。一天，梅加瓦蒂正在家中悠闲地读书，突然心中隐隐觉得不舒服，也看不下书，总觉得发生了什么事情，于是梅加瓦蒂给苏林多打电话，打了好久但是无人接听。梅加瓦蒂顿觉不妙，因为平时自己只要给苏林多打电话，他就会马上接起来，但是今天跟以往不同。梅加瓦蒂跌跌撞撞地跑到苏林多的部队，看到一群人匆匆忙忙地往一个地方赶去，她也跟着过去，看到的却是自己丈夫苏林多的尸体。同事告诉她，苏林多在这次空难中丧生了，梅加瓦蒂难以承受这突如其来的打击，可她还是好好地安葬了自己的丈夫，坚强地挺过那段难熬的时光。

之后整整两年的时间，梅加瓦蒂似乎都在黑暗中度过，她甚至不知道自己该怎么生活下去，她无法相信曾经承诺携手一生的人就这么突然消失。她无法在没有苏林多的房子里生活，甚至有一段期间无法入睡，即使睡着，也会被噩梦惊醒。在这段痛苦的期间，梅加瓦蒂的好朋友们一直都不离不弃。他们始终都陪伴在她身边，安慰她，支持她，鼓励她坚强下去。梅加瓦蒂一直都是一个很亲切的人，一直都乐于助人，所以当她处在这种状况下的时候，她的好多朋友都时常来看她，让她感受到温暖，感受到满世界的暖暖的爱。

1972年，在朋友的介绍下，她认识了自己的第二任丈夫哈桑。哈桑是埃及的外交官，一张英俊的脸让梅加瓦蒂深深地为之着迷，同样，梅加瓦蒂身上那种温婉沉静成熟的气息也吸引着哈桑。此时的梅加瓦蒂也从失去丈夫的阴霾中走出，在哈桑的猛烈追求下，梅加瓦蒂决定重新开始，于是她接受哈桑的追求，两个人很快陷入热恋，并很快就步入婚姻的殿堂。可是这种爱情就像龙卷风，像沙尘暴，来得快，去得也快。两个人的感情在结婚之后仅仅维持两周就匆匆结束了。原来这个哈桑是个富二代，家里虽然极富有，可是他整日只知道花天酒地，不思进取，活脱脱一个纨绔子弟。已经历过一次婚姻的梅加瓦蒂在他的身上看不到任何生活的希望。她觉得如果以后的婚姻处于这种状态，倒不如就此分开，也好过彼此纠缠。所以她毅然决然选择与哈桑离婚。梅加瓦蒂通过这段感情深刻地体会到，在选择自己爱的人的时候，一定要谨慎、仔细，不能凭着外表就来断定一个人的好坏，可能对方能够给你一时的幸福，却不能带给你一世的幸福。

　　受到两次感情打击的梅加瓦蒂，依然坚强地生活下去，她选择好好爱自己，爱周围的朋友。同时，她并没有放弃对美好爱情的向往，她依然相信，之前所遇到的不幸都是上天给她的考验，只是为了让她遇到真正属于自己的那个人，而且她觉得，那个人就在不远处等着她。梅加瓦蒂偶尔和朋友外出散心，会开车到很远的地方去。1973年是梅加瓦蒂否极泰来的一年，在他们去散心的时候，车子经过一个连锁加油站，在这里，梅加瓦蒂邂逅了她的第三任丈夫陶菲克。由于受过前两次的打击，所以梅加瓦蒂对自己的感情特别慎重，这一次，她并没有急切地陷入恋情，她一直持观望态度。陶菲克是个忠厚老实而且温情细腻的人，他一直默默地关心着梅加瓦蒂。梅加瓦蒂在和陶菲克的交流中也逐渐发现他的优点与缺点，并且认真地思考自己是否能接受陶菲克的缺点，陶菲克又是否能接受自己的不足呢？在认真的考虑过后，梅加瓦蒂最终选择了和陶菲克在一起，两个人交往了一年的时间，彼此越来越觉得达到心灵的契合，之后就结婚了。陶菲克经营的这家连锁加油站收入可观，同时，对于梅加瓦蒂在政治上的意见他也是极其赞同并给予支持与鼓励。

在他们成婚的这段时间，梅加瓦蒂一直都渴望在政治上有所建树，但是苏哈托的势力过于强大，并且一直都打压着苏加诺家族的势力。苏哈托推翻了梅加瓦蒂的父亲苏加诺的政权统治后，一直担心着苏加诺家族有朝一日势力增长，同样会夺取了他的政权。他一直视苏加诺家族为眼中刺肉中钉，对梅加瓦蒂尤有戒心。因为梅加瓦蒂在民主党中一直都占有一席之地，并且梅加瓦蒂的努力与实力也得到了众人的认可，甚至在民众当中也有一定的威望。梅加瓦蒂一直认为，女人也是可以掌握政权的，并且她对政治上的事情也很感兴趣。之后的20多年，梅加瓦蒂时常深入人民群众，到基层去体察民情，与广大劳动人民一起体验生活的艰辛。因为她知道，政府官员都是由人民群众选出来的，理应为人民办事，对人民负责，人民既能够赋予官员权力，也可以罢免官员的权力。

03 / 最接地气的总统

所有的努力必然会有回报。20多年的努力，让梅加瓦蒂在人民中有了很重要的地位。苏加诺倒台后，梅加瓦蒂凭借自己的努力于1987年当选国会议员。1993年和1996年，梅加瓦蒂两次当选印尼民主党总主席，但因受到苏哈托的排斥而退党。

1997年，亚洲金融危机对印尼造成全面冲击，引起局势动荡。1998年5月，执政长达32年的苏哈托总统辞职，副总统哈比接任总统。1998年，梅加瓦蒂组建了印尼民主斗争党并出任总主席。梅加瓦蒂表示要做出更多对人民有利的事，使自己的国家更加繁荣富强，使自己的人民过上好日子。

1999年6月，梅加瓦蒂领导民主斗争党在大选中获胜。1999年10月，印尼人民协商会议（简称人协）选举瓦希德为总统，梅加瓦蒂为副总统。梅加瓦蒂和瓦希德从小就是邻居，可以算得上是青梅竹马，也是几十年的老朋友。他们两个人总是一同出入政坛，并且立志要壮大印度尼西亚。两个实力派在一起工作确实能够为国家做出不少贡献，然而无论再好的朋友，也总会有吵架的时候。有一次因为关于一个问题的观点不合，两个人大吵一架，从此关系破裂，关系一直没有缓和。2001年7月23日，人协特别会议以渎职罪罢免瓦希德总统职务，梅加瓦蒂接任总统，成为印度尼西亚历史上的第一位女总统。在梅加瓦蒂成为总统后，瓦希德还是不愿意与梅加瓦蒂和好，甚至不愿意去参加梅加瓦蒂的总统就职仪式。梅加瓦蒂心知肚明，两个人再也无法回到从前。

梅加瓦蒂成为总统之后，一直致力于印度尼西亚各方面的综合发展，同时奉行了其父独立自主、不结盟的外交政策。

她上任后，立即恢复了和朝鲜的外交关系，并于2002年3月对朝鲜进行了友好访问，随后又对中国进行了正式访问。她积极访问多国，从其他国家的政治制度中吸取长处，并且根据自己国家的国情再融合改造成为自己的东西，这也是一种很好的创新方式。当梅加瓦蒂访问别国的时候，各国对梅加瓦蒂都是相当尊重的。梅加瓦蒂是一个很谦虚并且细心的人，处理事情也都是小心翼翼的。即使梅加瓦蒂在政治上是一个女强人，是一个国家的总统，同时女性的温婉细腻也给了她在政治上很大的帮助，这样的她会显得更加亲切，更容易获得广大人民群众的支持。梅加瓦蒂可以称得上是一个十分接地气的总统。也正是因为她的亲切，所以人们都很亲切地称其"梅佳"。

这位被人们亲昵地称为"梅佳"的女总统总是带着慈祥的笑容，公众场合从不夸夸其谈。她以一个女人的细腻、耐心与韧性，成功地度过了艰难的每一年，写下了值得称道的一页。梅加瓦蒂另一个特点就是不习惯在众人面前发表长篇宏论，她在公众面前的讲话从不超过10分钟。在飞机上她通常是小睡或看书，她的助手也从来不拿简报或民间测验结果来打扰她。她说过:"对我来说,沉默就是政治行为。"

梅加瓦蒂恨苏哈托及其家族对自己父亲及家族的压迫,但她从不轻易流露出来。在助手谈起当年苏哈托的专制统治时,她把目光转向了飞机的舷窗外,只说了一句话:"我发誓,在印度尼西亚再也不会发生这种情况,永远不会再发生。"她表示,如果她的政党获得大选的胜利,她要重整印尼的经济。她主张实行开放的市场经济,但是一定要有公正的司法制度相配套。她称:"我特别强调的是法制。投资者最关心的就是法律制度是否可靠。"而投资者,尤其是外国投资者的信心,是恢复印度尼西亚经济的关键。

梅加瓦蒂同当地的华裔富商关系良好。在同华裔商人的会晤时,她说:"我同你们一样都受到过严重的歧视。正因为这样,我们才认识了。"她的这番话感动了在场的华裔商人,并因此赢得了他们对她的支持。

2004年7月,印尼举行历史上首次总统直选,原政治安全统筹部部长苏西洛和人民福利统筹部部长尤素夫·卡拉通过两轮直选胜出,2004年10月20日宣誓就任总统和副总统。梅加瓦蒂正式卸任总统职务。

04 独特的教子方式

梅加瓦蒂的一生一共有两个女儿一个儿子。在教育自己的子女方面，梅加瓦蒂是一个比较遵守传统的母亲。在对女儿的教育方面，梅加瓦蒂一直都按照小时候父母对自己那样来要求女儿，讲究的是文静、内敛、不张扬，这也正好和梅加瓦蒂本人的性格相合。但是梅加瓦蒂也告诉女儿要刚柔相济，不能一味地忍让。有时候对别人太过于宽容反倒会助长了别人的威风。

梅加瓦蒂女儿小时候，有一次与学校的一个小朋友发生了争执，梅加瓦蒂到学校询问老师后才知道，原来是那个小朋友悄悄地拿了梅加瓦蒂女儿的一支笔。因为梅加瓦蒂总是告诉女儿对待朋友要宽容大度，所以女儿就没有和那个小朋友计较。可是没料到那个小朋友却以为她好欺负，不敢告诉老师，所以就变本加厉地欺负女儿，总是让她帮助自己写作业什么的。之后老师发现了这件事，就询问她为何要给别人写作业，考试的时候还帮助人家作弊，梅加瓦蒂的女儿就说明了情况。事后梅加瓦蒂告诉女儿,这样做是不对的,对人要宽容,可是一定要有自己的原则,有自己的底线,无论是一个人,还是一个家庭,甚至一个社会、一个国家,都要有自己的规定和原则。一个人因为有了底线和原则才能更好地帮助他人;一个社会有了底线和原则,才能够正常运转。

梅加瓦蒂还要求女儿学习艺术,例如唱歌、画画,不要求精通,但是都要有所涉及,这样才能增加知识面,扩大自己的视野,同时也能够掌握多种技能。在女儿学习画画期间,发生了一件有趣的事情。那次,梅加瓦蒂为了让女儿学习画兔子,就在家里养了一只小白兔,让女儿每天观察小兔子的一举一动,这样就可以更好地描绘出兔子的神情动作。观察了一段时间之后,梅加瓦蒂的女儿就画了一只兔子。当她把自己画的画拿给妈妈看的时候,梅加瓦蒂惊呆了,原来她的女儿把兔子画成了一只粉红色的兔子。梅加瓦蒂就问女儿:"你见过粉色的兔子吗?"女儿说没有,梅加瓦蒂继续问:"那你为什么要把兔子画成粉色?"女儿说:"我是没见过,可是没见过不代表这个世界上没有,也许还有的兔子带着翅膀可以飞到天上去呢!"梅加瓦蒂觉得,这就是孩子最美好的童真吧,这对于大人来说是多么珍贵的东西。所以她一定要好好地守护孩子的这份天真,并且去引导这份创造力。之后,她一直希望,女儿能一直保留这份稚嫩,每一个天真的孩子都是善良的。

同样是自己的孩子,可是梅加瓦蒂对待儿子又是截然不同的,女儿要求自尊自爱,温文尔雅,而自己的儿子却要求像他的父亲一样忠厚勇敢,有责任有担当。虽说梅加瓦蒂并不崇尚用武力解决问题,可是男孩子还是要学习一下跆拳道什么的,这样才有能力保护自己的家人,保护自己爱的人,保护自己。学习跆拳道虽是一件很累的事情,但是既锻炼体魄,又能锻炼孩子的毅力。到了一定的年纪,梅加瓦蒂就送儿子去服兵役,可是梅加瓦蒂的儿子早就听说服兵役特别辛苦不愿去。为了说服儿子,梅加瓦蒂想了一个主意。她假装带着儿子和女儿一块去郊游,孩子们都开开心心地去了。可是梅加瓦蒂却开车到了部队,让孩子们自己去了解军人的训练,了解服兵役是一件多么光荣的事情,不仅锻炼了自己,更是对国家的一种责任。这时,儿子才明白自己的母亲曾经对他说的那些话，于是他不再抗拒部队，并且很好地融入了部队的生活。

生活中有很多的美好，也有很多的不美好。不美好的东西考验着我们的意志，美好的东西则是我们的向往。一旦你有了这种期待，你就不会失去生活的希望，就会更加渴望去面对阳光，接受这世间的美好。

印尼客家传奇华人

——熊德龙

熊德龙（1947— ），美国、印尼《国际日报》总裁、熊氏集团总裁、印尼中华总商会主席。他出生于印度尼西亚，兼有荷兰、印尼血统，两岁时被广东梅州客家夫妇收养。1963年，为了补贴家用，年仅16岁的熊德龙就步入社会。几年后回到印度尼西亚，开设小海绵厂。凭借良好的品行，熊德龙的事业不断发展壮大，在烟酒制造、金融、房地产、国际贸易等多个领域均有所成就，并成立大型跨国集团公司。为了推动华文教育和弘扬中华文化，熊德龙于1993年收购了美国华文报纸《国际日报》，该报现已成为印尼第一华文大报。熊德龙先后荣获2009年度"亚太最具社会责任感华商领袖"大奖、印尼国家旅游部形象大使等多个称号。

功成名就的熊德龙时刻没有忘记养育他的父母和他成长的地方。自1979年起至今，他为家乡公益事业的捐助已超过数千万元人民币。熊德龙说："我没有一滴中国人的血，但我有一颗百分之百的中国心和一腔百分之百的客家情，我深深地爱着我的中国。"

01 被领养的快乐少年

1947年11月的一天,熊德龙出生在印度尼西亚。他的父亲是荷兰人,母亲是印度尼西亚人,因为是混血儿,在外貌上与众不同。熊德龙出生的时候皮肤白皙,大大的耳朵和小巧的鼻子让襁褓中的他显得十分可爱。然而,这个乖巧的孩子似乎无法获得自己的父母宠爱。或许是其父母觉得他本不应该降临在这世上,或许是他们家的经济条件无法供养他,就这样,熊德龙被遗弃在了雅加达的一个孤儿院门口。院里的一个小护工把他抱进去,他才有幸活了下来。

那个时候,孤儿院里只有无家可归的孩子、照看他们的护工、院长以及来领养孩子的好心人或慈善家。小小的熊德龙就在这样的环境里慢慢地长大。孤儿院并不是一个多么温暖的地方,这里的院长和护工只能勉强保证这些孤儿的一日三餐,餐后大部分时间都用于给他们讲经。同在孤儿院的凯斯一点也不喜欢熊德龙,因为他的长相与周围的小孩格格不入。但是，照顾熊德龙可以得到比别的孩子多一半的食物，所以凯斯很高兴地接受了这个任务。可是他却讨厌照看孩子，他觉得这事在降低自己的智商，因为在这些孩子中，他自认为自己学东西很快，而事实上，他确实很聪明。如果说比起照顾熊德龙还有让凯斯讨厌的事情，那就是每周六听那些烦人的祷告了。更重要的是在祷告前还要洗澡、斋禁。这两件事也是熊德龙极其厌烦的。孤儿院的地方小，而且环境设施极其简陋，所以好多孩子只能用一桶洗澡水，这让正在长身体的凯斯无法忍受。

　　这一天是礼拜六，又是祷告的日子。所有的孩子们今天都被要求穿上白色的衬衫，系着小领结，穿着新发的鞋子。客厅里，一对夫妇正站在一幅画前。似乎他们很欣赏那幅画。院长让那些孩子们站在客厅里稍微等等，之后走到了那对夫妇身边说了什么，那对夫妇就跟着院长来到了孩子们的面前。那对夫妇打量着每一个孩子，胆小的低着头拉着旁边孩子的手。此刻，年龄最大的凯斯似乎已经猜到了，这对夫妇是来领养孩子的。今天，就意味着会有一个孩子将不用再和他们挤在一张床上睡觉，不用和他们分享食物。

然而，那对夫妇并没有走向哪个孩子。那个年轻的妇女拉着女院长的手，来到他们刚才站的地方，指着墙上的那幅画告诉院长，想见见画这幅画的孩子。院长感到很惊异，不过还是叫凯斯来到了夫妇俩的身边，一直拉着凯斯的手不放的熊德龙也跟着过去了。看到凯斯牵着的那个小男孩，妇女愣了一下，随后朝着那个小男孩笑了笑。

最后，那对夫妇带走了熊德龙，凯斯随后被另一对中国夫妇带走。因为凯斯有自己的名字，领养凯斯的夫妇尊重凯斯，没有给他换名字。年轻的夫妇给凯斯带着的那个小男孩取名熊德龙。收养熊德龙的那对年轻夫妇是在印度尼西亚生活的华侨，那个年轻的先生叫熊如淡，女子是黄凤娇，两人都是中国梅县人。

从孤儿院出来之后，凯斯也一同与养父母到了中国。在中国住了一段时间后，凯斯就自己独自出去闯荡了。因为领养他的那对夫妇家境比较贫寒，能收养他已经是生活的最大极限。为了不给这对善良的夫妇增加负担，同时也希望自己能拥有更大的舞台，凯斯又回到了印度尼西亚。但是，他没有返回孤儿院，在与父养母相处的两年里，凯斯学到了很多。他希望在更广阔的世界里度过自己的人生，希望看到不一样的世界，于是不告而别。而与凯斯几乎同时间前往中国的熊德龙却开始了不一样的人生。熊德龙父母将他视如己出。因为获得了之前从未获得过的家庭温暖，熊德龙的童年是幸福美好的。

虽然养母没有读过多少书，没有很高的文化素养，但是她总会将小小的熊德龙抱在怀中，用温柔的嗓音歌唱优美的客家歌曲或者讲述那些源远流长的中华民族传统故事。他听到的最多的就是岳飞精忠报国、司马光砸缸等故事。他的养父母都是客家人，平日乐于助人，与邻里之间相处和睦。每当别人有什么需要时，他们也总是慷慨解囊，尽自己最大的努力去帮助别人。在父母的言传身教下，熊德龙从小就知道如何尽自己所能帮助他人。

父母对熊德龙教导最多的就是孝。在熊德龙的印象中，无论日子有多拮据，父母都会从牙缝中省出一些钱寄往梅县乡下，孝敬他们的父母。有一年，家里一时没有经济来源周转不开，母亲只能当掉自己心爱的镯子来寄钱给远在乡下的老人。幼小的熊德龙看着养母要把那么心爱的镯子当出去，暗暗地在心中告诉自己要积极上进，长大了努力赚钱，让父母不再这么辛苦。同时他也告诉自己，要做一个像父母一样孝敬老人、善待他人的人，做一个让他们骄傲的人。

当时正是20世纪50年代末，中国正在推行人民公社化运动，实行供给制和工资制相结合的分配制度。在公社里，大家都一起劳动，一起吃大锅饭。一到饭点，大家都拿着碗去排队打饭。每天吃饭的时候，熊德龙从家里抱出来自己的小碗，排队去打饭。刚10岁的他，就已经有了自立意识了。他不和父母一起去排队打饭，不和他们在一起吃饭。对此，小熊德龙的解释是：要自己独立，我能独当一面。

熊德龙这时候不仅自立意识很强，还很调皮。他经常带着村里的小伙伴一起去郊外的小河比赛捉螃蟹。熊德龙有自己自制的抓螃蟹的秘密武器——将从家里偷出来的笊篱头改装成一个钢丝爪，专门抓螃蟹，一抓一个准，从不会落空。

父母能给熊德龙的不多，甚至在条件苦难的时候，连一碗饱饭都没有，但是他们就会用自己的行动，教导熊德龙，教他做人做事。在父母的悉心教导下,虽然没有一个富足的生活,熊德龙却有了最温暖的家。父母耐心的教诲让熊德龙从小就有一个积极向上的人生态度。

02 / 坚韧不拔的品格

为了让熊德龙成为一个出色的人,上天给予他的磨难并没有因此停止。

1963年,熊德龙16岁,家里再也没办法为他支付昂贵的学费,只能辍学回家。仅受过中学教育的他步入社会,开始了人生事业的打拼。

熊德龙虽然年龄小,但是聪慧过人,勤奋好学,很多东西一学就懂,因此聪明的他掌握了很多书本上学不到的知识。几年后,为了能更快地创立自己的事业,熊德龙重新回到印度尼西亚。他去找凯斯。对凯斯的印象,熊德龙还停留在他4岁时的记忆,再有的就是他后来从印度尼西亚寄来的照片。

凯斯在印度尼西亚打拼了十几年，给熊德龙提供了一个很好的平台。印度尼西亚和中国一样，是发展中国家，农业经济占主导地位，国家掌控甚至垄断了重工业。在这一行发展空间很小。但是，印度尼西亚的人口多，而且雇佣成本低，熊德龙凭借自己的敏锐嗅觉，创办了小海绵工厂。在凯斯的扶持下，工厂迅速发展，很快成为行业内最大的工厂。凭借优秀的管理能力，工厂生产出销的产品广受好评，并出口到多个国家。而熊德龙从不苛刻员工，还录用了大量无家可归的人来厂里工作。

有一次，熊德龙着急去签一个合同，因为谈判并不顺利，耽误了不少时间，以至于影响到下午与劳动市场的工人代表诺列商谈的行程。当时，小海绵厂不断扩充，开设了很多分店，需要大量的工人，熊德龙就联系了诺列。然而当赶到约好的地方时，诺列早就离开了。熊德龙很是抱歉，因为自己的事情，浪费了诺列一下午的时间。为此，他在晚饭后特地拜访了诺列，先是对自己的失约表示歉意，随后又解释了今天没去的原因。直到获得诺列的谅解后，双方才开始商量工人签约的事。当时的熊德龙还只是一个小海绵厂的总负责人，没有什么名气，诺列对熊德龙的印象并不是很深刻。但是在这件事情之后，诺列被他的真诚感动了，甚至很敬佩他，毫不犹豫地和他签约，甚至都没有提多余的要求。因为诺列知道，能严苛对待自己的人，一定不会苛待他的工人。

熊德龙在工作之余，还会亲自去工厂考察生产，积极听取工人的反馈意见，改善环境，提高效率。凭着认真努力和坚持不懈，以及对客户的诚实守信和对产品质量的严格把控，短短的几年时间中，熊德龙的事业开始蒸蒸日上，社会知名度及影响力也日益增加。然而这一切并没有让熊德龙冲昏头脑，他始终以"效忠父母，忠义朋友，信誉事业"的座右铭鞭策自己。

一个小海绵厂，已经不能支撑熊德龙在商业方面扩大发展的雄心壮志。很快地，熊德龙的产业进入到烟酒制造、金融、房地产、国际贸易、酒店、旅游、传媒等领域。每拓展一个行业，熊德龙都相当于重新来过一次。他不走捷径，也不想利用之前领域的建树来拓展名气，他只想打造自己的行业特色。熊德龙的行业精神就是：打造高质量产品，扩大市场占有,全面推广,最终走向世界。经过10年的拼搏,熊德龙终于打造出属于自己的企业王国。

20世纪70年代,利用经济全球化的的机遇,熊德龙将公司发展到了国外。熊德龙的国外事业并没有在国内想象的那么顺利。

最开始,熊德龙注册跨国公司,将自己的产品介绍给海外客户,却遭到了前所未有的打击。美国的一家国企总管在和熊德龙约谈时,条件极其苛刻。他们要求熊德龙的企业要高质量地完成产品,又提出货款延期支付的要求,并且还不给任何的预付款。熊德龙当即愤怒地拒绝了这份合同。那个总管轻蔑地看了一眼熊德龙说:"你这种公司,美国多了去了,没有100家也有80家,想和我们公司合作的小公司更是连排队都排不上,你不签,有人巴不得呢。以后别来浪费我的时间。"第一次的出国发展,就受到极大的羞辱,熊德龙也开始怀疑自己决策是否正确。他颓废了一个星期,在这一星期里他什么也没有做,每天就是喝酒,甚至连国内的产业也不过问。助理非常担心他的状态,悄悄给熊德龙远在中国的父母打了个电话,告诉两位老人熊德龙的状况。晚上,熊德龙接到了父母的来电。电话里,母亲还是一如既往地唠叨,让他多吃饭,好好休息,还给他分享一些周围邻里发生的趣事。父亲也只是关心他的身体,对于他的生意没有过多的追问。最后,父母说了一句话:"不好发展了,就回中国吧,你的家还在中国,美国没有你的事业,印度尼西亚还有你的海绵厂。你还有我们这个家。"接完这通电话后,熊德龙想了很久,他知道父母已经知道了他的状况,但是他们没有斥责自己,也没有对他提出苛刻要求,而是告诉他,家人永远在等他。在多天的压抑下,熊德龙哭了。释放了自己的情绪后,熊德龙重新振作起来。他告诉自己,不能给父母丢脸,不能一事无成。一次打击并不算什么,只能说,自己这些年在国内发展太过顺风顺水,是时候应该看清自己的实力了。之后虽然一次次地被拒绝,熊德龙都不曾再放弃。经过又一年的奋斗,熊德龙的跨国公司终于站稳脚跟,有了好的发展前景。

十多年间,熊德龙以其远见卓识、聪明才智及以和为贵的经营宗旨,使自己的事业不断发展壮大,从小小海绵厂逐步发展到了烟酒制造、金融、房地产、国际贸易、酒店、旅游、传媒等领域，企业遍布美国、加拿大、中国、印尼、新加坡、柬埔寨等国家，成为大型跨国集团公司。他名下拥有美国大兴银行、好莱坞大都会酒店、熊氏地产投资有限公司、新加坡国际金叶烟草有限公司、香港皇玺洋行等几十家著名企业。

外界每次看到的都是熊德龙的行业拓展规模和公司收益，却没有任何关于他的失败报道。因为在涉足新行业时，熊德龙都不用自己的名字，他用得都是他的总管的名字。这背后有一个令人心疼的原因。他不想父母为他担心。所以，不管什么事，他都是以开心轻松的语气给父母打电话或是写信。他告诉父母的消息里，都只报喜不报忧。甚至有一次，在新开的一家公司里，熊德龙一边吃着面包、喝着水，一边听着电话另一边父母的声音，他甚至对父母讲，自己此刻正在家里享受着美味的西餐，还有家嫂给煮的热牛奶。父母听着很是开心，可是在旁边和他一起加班的员工却知道自己的老板正在为公司忙碌。

03 外籍血统中国心

熊德龙,一个世界知名的企业家,一个拥有传奇人生的客家华人。或许谁都没有想到,当初那个被父母抛弃的孤儿,能有这样的成就。

这个身上没有流淌一滴中华血液的人,却一直将中国梅州视为心中的故乡。熊德龙将对父母的爱升华为对中国以及中国人民的热爱。由于从小深受父母辈的中华民族传统及客家人文道德的影响,"爱我中华"的思想在熊德龙心中扎下了根。当他看到山区的人民生活依旧艰辛,相比发达国家差距很大时,他立志为家乡经济、文化发展做贡献。他在中国梅州捐助的项目有嘉应大桥、剑英纪念大桥、市华侨博物馆、梅州市梅县人民医院凤庚楼、发明桥、贤母桥、德龙大桥、如淡长廊等,迄今为止捐款数千万。20世纪80年代移民美国后,熊德龙团结当地华人社团,团结华侨和中国留学生,积极开展热爱中华的活动。

虽然在事业上取得巨大成就,但是不管在哪个地方,熊德龙的心里始终想着养育他的中国。20世纪80年代以来，熊德龙为家乡的公益与福利事业做出了巨大的贡献。特别是在桥梁建造和教育事业上，熊德龙的个人捐资就超过了2000万元人民币，还安排了超过3000名基层干部出国受训。1984年冬，梅州市政府准备创办嘉应大学，但当地的经济发展状况难以支持，财政支出无法承担。远在美国的熊德龙听到后，毫不犹豫地捐献了210万人民币。他不仅自己捐赠巨资，而且还在各种商务活动中，动员美国的各大城市华侨富商为嘉应大学募捐。1985年10月7日，原本是熊德龙出席自己创办的银行美国分行的开业揭幕仪式的日子，但是在前一天他收到了嘉应大学要举行开学仪式的邀请。熊德龙立刻推掉第二天的行程，坐当天的班机回国参加学校的开学式，而且带来了30多位侨胞。

为了祖国的发展，熊德龙不仅捐款捐物，还将中国的文化推向世界。1993年，熊德龙斥巨资收购美国的华文报纸《国际日报》。该报创刊于1981年，总部设在洛杉矶，在美国和北美地区华人居住较为集中的各大城市设有发行网络，是北美地区读者了解中国的窗口。为了扩大《国际日报》的影响，熊德龙于2001年元旦在雅加达开始出版发行印尼版的华文《国际日报》。它注重介绍中国的发展成就和中华文化，现在已经发展为印度尼西亚第一华文大报。后来他又与印尼最大的平面媒体集团《爪哇邮报》联手，把每天的《国际日报》连同《人民日报·海外版》《文汇报》和《中国日报》的发行，从首都雅加达扩展到遍及印尼全国22个省的83个城镇，奠定了《国际日报》在印尼第一华文大报的地位。同时，《国际日报》还与中国媒体合作，中国约有21个省市在该报出定期或不定期的专刊。该报为印尼华人和外界及时打开了了解中国的大门，吸引了大量外资投资。

近年来，熊德龙先生又频繁往来于雅加达、北京、上海和广州之间，足迹遍布中国西南、西北和东北。由于他对内地经济独特的远见卓识和贡献，先后被聘为云南、广东和贵州等8个省的经济顾问，获得梅州等20多个城市的荣誉市民称号，受到了广泛的尊敬。

人一生会经历很多波折，不被祝福的孩子，最终被善良的中国夫妻收养，从此他有了温暖的家庭，年少的他选择寻找自己的舞台，最终成为著名企业家。

有目标，有奋斗的精神，有不懈的毅力，最终成就了熊德龙。

04 / 旅游部的"形象大使"

60来岁的熊德龙已经是国际知名人物，自身拥有多个头衔：会长、华商代表、荣誉领袖……但是他最喜欢的是大家送给他的旅游部"形象大使"这一称号。

这一次，虽然没有什么荣耀的皇冠和数不尽的钱财。但是，这个称号给熊德龙带来最多的是享受。没有了商业的会谈，少了数不清的签约，不用担心金融危机，更不需要彻夜地修改文件。他每天去自己想去的地方，在路上，他不再是熊氏集团的老总，只是一个享受生活的普通老头子。很多情况下熊德龙都选择低调出行，没有助理随行，不用公司的专车，而选择一个人出行。一次，他报了老年旅行团。

这支老年旅行团是去戈壁滩游览的，除了司机，这次随行带队的还有3个人，一个是导游，一个医生，一个是实习生。行走了4个小时，一行人到达戈壁滩边缘的一个小村庄。在提前预定的旅馆住了下来。他们这一次的目的很简单，观光沙漠风景，感受新疆的风土人情，再在野外驻扎一晚，然后就返回。

一切都照常进行着。很快，迎来了在新疆的最后一个晚上，更是最特别的一个晚上。露天野营，这是这群老人最兴奋的一晚，估计是在家里儿女们从来不让他们出来，更是不允许他们一个人在野外住宿，因此，对这次的体验，他们都很兴奋。然而，意外就在这时出现了。

城市的生活过于压抑，每天见到的是高楼大厦和冰冷的防盗门。现在有机会亲近大自然，老人们都很兴奋，想去戈壁滩更深处看看。走着走着，原本集体的队伍松散了，有的老人因为体力不支，坐下休息了；有的老人是觉得身边的风景不错，散开拍照去了；还有的更倾向于冒险，在司机的陪同下继续往沙漠深处走。

夜色降临，天更黑了。等大家回到营地，带队的导游清点人数，才发现少了一个人。导游急忙拿出这次出行的人员名单，迅速查看了报名的资料，一个一个核对，最终发现少的是熊德龙，当即召集大家一起去寻找。为了大家的安全，导游把大家分成几个组，这样彼此都能照应。就这样，大家举着火把，一边喊着熊德龙的名字，一边在沙漠里寻找，终于在一处断垣处找到了冻得瑟瑟发抖的熊德龙。随行的医生第一时间检查了熊德龙的身体状况，确认没事后，大家都松了一口气。

在熊德龙神情缓和下来后，大家才问明了他的情况。一开始，他和大家一起开心地聊天看风景。后来大家解散各自活动，熊德龙也拿着自己的相机拍照去了。走着走着，不自觉地离队伍远了，等他返回时，却发现怎么都找不到集合地了。太阳已经缓缓下沉，熊德龙当时更焦急了。突然，他看到远处大家伙的身影，于是兴奋地挥手，但是没有人理他。大家伙都在各自说笑着呢，没有人注意他。他就只能自己往前走，直到走到跟前，他大喊一声，猛然间，所有的人都消失了，周围还是无尽的戈壁滩。

太阳已经西沉下去，只有天边的云霞红得刺眼。

熊德龙出现了幻觉，他知道这是自己太累了，趁着太阳还没有落下，还能辨别方向，他要快点回到营地，不然，天一黑，就彻底没有希望了。走着，走着，不知道走了多久，熊德龙晕倒了。再醒来就看见大家。

这场虚惊过后，大家紧绷的神经得以松弛下来。此时已经后半夜了，大家互相道着晚安，准备去睡觉。

"还少一个。"这时，只听导游再次惊呼。大家再一次紧张起来。少了谁？经过清点人数，发现这次少的是那个出来实习的女孩。

拿着还没来得及熄灭的火把，大家又开始寻找了……

天渐渐亮了，太阳慢慢地拨开云层照耀着荒凉的戈壁滩，凉凉的空气里，透着一丝沉闷。此刻，驻扎地的气氛更加沉闷了。找了一夜还是没有发现小姑娘的身影。有的老人身体吃不消，已经送回旅店休息了，剩下一些人还留在那里继续寻找。但是，大家心里已经在做最坏的打算了。新的一天太阳又越过了头顶，转到了西边，又跳着落到了无尽的戈壁滩里。一天就这样过去了。旅行社当即派来了新疆分社的员工一起寻找走失的姑娘。最终女孩儿被找到了。这件事让熊德龙久久不能忘怀，所以在以后的生活里，熊德龙爱上了旅游公益事业。他到各地，做着宣传公益的活动，跟大家分享旅游的乐趣，欣赏各地不同的文化，也不忘提醒旅游者一定要注意旅途的安全。

2015年，以熊德龙为原型的电视剧《亲亲中国爹娘》开播。故事叙述了20世纪40年代的印尼，一对侨居印尼雅加达的中国梅州客家籍夫妇收养了一个印、荷混血弃儿，对其言传身教，以中国优秀传统文化和民族美德悉心培育。这个孩子长大成人后，把对养父母的那份爱转化成对中国的爱，在事业有成后，致力于中国和印尼各地的慈善事业，情系中国，感恩中国。

熊德龙说："我没有一滴中国人的血，但我有一颗百分之百的中国心和一腔百分之百的客家情，我深深地爱着我的中国。"

清廉先生
——苏西洛

苏西洛·班邦·尤多约诺（1949— ），印度尼西亚第六任总统（2004—2014年）。苏西洛出生于东爪哇巴芝丹的一个穆斯林家庭，中学毕业后进入印尼国家军官学院。1973年毕业后，苏西洛走上职业军人道路，曾多次到美国堪萨斯州莱文沃思堡的指挥参谋学院等地接受短期培训。1995年，苏西洛率印尼军队参加波黑维和行动。1999年，苏西洛出任矿业和能源部长，2000年任政治、社会和安全事务统筹部长，2001年以无党派人士的身份加入内阁，2002年10月巴厘岛爆炸案后出任首席安全部长，2004年10月当选为印尼国家总统，2014年11月当选为全球绿色增长研究所（GGGI）理事会主席，2015年加入博鳌亚洲论坛理事行列。

苏西洛作为一名领袖，稳定了国家动荡的局面，推行反腐倡廉行动，减少贫困人口，促进了印尼的经济增长，实施多项经济措施，避免了印尼在世界金融风暴中遭受重大损失，解决了亚齐特区和马鲁古地区的争端。在印度尼西亚群众的心里，他有着崇高的地位。

01 / 军人家庭和情缘

1949年9月9日,苏西洛出生在印度尼西亚东爪哇巴芝丹的一个普通的穆斯林家庭,童年的生活虽清贫,但苏西洛仍然健康快乐地长大了。

苏西洛出身于军官世家,在这种家庭氛围的潜移默化中,他很向往军旅生活。在苏西洛很小的时候,父亲R.苏科佐是印度尼西亚正规军"TNI"的武装部队军官,军衔是中尉级。父亲那时候很忙,很少有时间回家。有次父亲跟他说找时间陪陪他,却最终因为军中有事,不能回来陪他。他认为父亲没有兑现诺言,很生气,决定再也不理父亲。事后,父亲决定好好地安慰一下自己的儿子。父亲酷爱印度尼西亚传统的皮影艺术,所以决定用皮影给儿子演绎一位英雄人物的故事来安抚下他的心情。看着父亲亲自准备的皮影戏,苏西洛的情绪很快被抚平了。他要求父亲每周给自己用皮影演绎一段精彩的故事。苏西洛喜欢的是父亲讲的常胜将军的故事,他希望自己以后也能成为故事中的大将军。也因此，他就比平常的小孩子懂事很多。

　　父亲对他寄予了很大的期望。在印尼语中，苏西洛·班邦·尤多约诺这个名字包含礼貌、英勇、长胜，还有高尚等含义。作为家中唯一的儿子，父亲给了他许多帮助和人生启示。由于他出生于军人世家，所受的家庭教育跟平常家庭不太一样。当很多孩子还在享受父母的宠爱的时候，他已经开始拿着枪在训练场上学习射击。他严谨、乐观的处事态度，豁达、勇敢的精神都在此时慢慢地培养起来，这些在他后来的军人生涯中发挥了至关重要的作用。有一次，父亲心血来潮，打算带着全家去参观坐落在马格朗的印度尼西亚国家军官学院。苏西洛特别开心，还特意穿上新衣服。下午，一家乘着马车前往那里。建筑宏伟、戒备森严，是他对那个学院最深的印象。后来，苏西洛进入这所印度尼西亚最高的军事院校，开始他的学习生涯。

　　如果说父亲教会他如山厚重般的品质，那么，母亲西蒂·哈比芭教给他的就是虔诚。母亲对待事物的虔诚态度又来源于他的外祖父。苏西洛的外祖父年轻时，在当地也是备受尊敬的人物。有一年，当地遭受了一场很严重的饥荒之灾，人们的心情都比较萎靡，情绪比较低落，整日哀叹，无心农事。外祖父看到这种情况，十分忧心，决心改变这种不利的状况。于是，他召集并告知当地民众，他即将创办一所穆斯林宗教学堂，通过建立自己的宗教信仰，来使当地人摆脱困苦。这所学堂后来声名鹊起，吸引了很多人前往学习。母亲长期生活在这种环境下，也渐渐成为一名虔诚的宗教徒。在苏西洛的成长过程中，母亲除了教会他虔诚外，还教授他忠诚和孝道。后来，在接受印度尼西亚媒体采访的时候，他对于早年的成长经历有这样一段评述："父母给了我一切，而我则在其中寻找到了家庭的快乐。"

中学毕业后，苏西洛如愿进入印尼国家军官学院上学。他学习比较刻苦，加上军事素养不错，1973年他以全班第一的成绩毕业，走上了职业军人的道路。

印度尼西亚实行的是义务兵与志愿兵相结合的兵役制度，义务兵服役期两年。他知道，要想成为一名真正的军人，当然必须得经历这一阶段。在部队服役期间，他要进行各种训练，经常挥汗如雨，十分艰苦。但他训练之前就已经做好要吃苦的准备，所以这也是意料之中的事。由于平时表现优异，他多次被派送到美国堪萨斯州莱文沃思堡的指挥参谋学院接受短期培训，还被派往比利时、德国等地的军事院校进修。这些学习增加了苏西洛的军事知识，扩大了他的军人视野，也大大提高了他的战略战术思想和作为军人的素养和品质。回到部队服役，他一如既往地刻苦，在平时表现出机智、能干、勤奋和稳重等优良品格，因此深受上级的肯定。

这段军旅生活不仅塑造了苏西洛的性格，还帮助他在那里找到了一生的伴侣。

在爱情道路上，苏西洛受到父母的影响。父母的和谐生活让他感觉到家庭的温暖，同样也启发他用心去寻找佳配良缘。后来，在印度尼西亚军官学院学习的期间，他终于遇到她。那天，他在向将军汇报时，偶然瞥见将军的三女儿克里斯蒂尼·赫瓦蒂。她特地来学院探望自己的父亲。有时，命运就是这么奇妙，在对的时刻恰好就遇到对的人。他目光正停留在将军面前的书桌上，突然听到银铃般的笑声。扭过头，在他看到克里斯蒂尼·赫瓦蒂的一刹那，一下子就被她的样子惊艳了。苏西洛觉得他找到他一生的伴侣了，心里一直有个声音叫嚣着说：就是她，就是她……

于是，他在心里做出了一个重大的决定：他要跟那个躲在将军背后的女子相伴一生。

不过，一段姻缘，更何况是一段美好的姻缘，终归免不了经历一些坎坷。苏西洛特地向身边的同学和母亲请教细小的交往琐事，也花费很大的心思去追求。后来，他终于得到了克里斯蒂尼·赫瓦蒂的回应。在他们相处的前几年，由于各自都有各自要做的事，常常身处两地，只能靠写书信来传达对对方的爱意。后来，苏西洛前往美国堪萨斯州莱文沃思堡指挥参谋学院学习。那段时间，他每个月都给克里斯蒂尼·赫瓦蒂写好几封信。将对她的浓浓爱意全都倾注于字里行间。而每次收到她的来信，他都要开心好几天。直到1976年，他们都回到印度尼西亚，才真正开始面对面的交往。空间的距离并没有阻断他们的爱情，靠着书信的传达，他们的爱情越来越深，1976年7月，两人相处了几年结婚。

不久，他的妻子怀孕。那段时间，苏西洛怀着无比忐忑的心情准备迎接第一个孩子的出生。尽管公事很繁忙，但苏西洛还是时不时地抽出空余时间给妻子熬汤，妻子也深受感动。10个月过去后,孩子健康地生下来,是一个男孩。他轻轻地抱着孩子,生怕弄疼他。触碰着孩子的肌肤,一种从心底发出的喜悦自然而然地流露在脸上,这是一种初为人父的喜悦。后来,第二个儿子的降生让这个本就幸福的家庭变得更加热闹温馨。当两个儿子还在懵懂的时候,他就给自己定下规定:无论公事多么繁忙,都必须定期腾出时间来与妻儿交流感情。用心营造好家庭,无异于建设一个稳固的后方,然后才可能无牵挂地投身于自己的政治事业。陪伴就是最好的告白,这是苏西洛对家庭、妻儿的承诺。等两个儿子稍微大些,苏西洛又像他的父亲当年对他的教育一样,给两个儿子讲当年父亲给自己讲的故事,让他们能够继承军人世家的良好传统。

02 / 仕途中的磨砺

当时正是苏哈托统治时期。苏哈托在印度尼西亚历史上是一个非常具有争议性的人物。他是印尼共和国历史上的第二任总统，也是执政时间最长的一位总统（1967年3月—1998年5月），被称为"军事强人"。在他任职期间，经济上，印尼得到快速的发展；外交上，印尼在国际舞台上也发挥着日益重要的作用。然而，苏哈托的政权建立在高度集权和军事独裁统治的前提下，主要通过高压手段打压政治异己来维持社会稳定。在他任陆军战略后备部队司令期间，在印尼全国策动反共大清洗。

1992年4月—1995年12月，欧洲爆发了波黑内战。这次战争死伤27.8万多人，大约200多万人沦为无家可归的难民。不仅如此，战争区的经济基础设施也遭到严重的破坏，直接的经济损失达到400多亿美元。战争的起因主要是波黑在内的3个主要民族国家由于在波黑前途和领土划分问题上没有达成一致。1995年，苏西洛作为当时印尼著名的将领，接受优素福·哈比比政府的命令准备前往波黑参加维和行动。

在波黑参加维和行动，让苏西洛和他的将士们经受了战争的洗礼，也领教了战场的残酷。也许这一秒你的战友还在和你好好的说着话，下一秒一颗子弹就射中他的头。你只能眼睁睁地看着他倒下。一条鲜活的生命在你的眼前慢慢消逝，可是，你却束手无策。

这时，印度尼西亚的经济进入停滞期甚至开始衰退。在国家遭逢危难之际，苏西洛经历了一场很大的人事调动。1999年10月，他临危受命，出任印度尼西亚矿业和能源部部长。上任后，苏西洛采取种种措施来抑制持续衰退的经济。比如：提升货币币值、降低物价上涨率和利率。经过几个月的努力，经济形势终于有回暖的征兆。由于这次在国家困境中做出巨大的贡献，2000年8月，苏西洛成为印度尼西亚的政治、社会和安全统筹部部长。

苏哈托时代过后，经历短暂的优素福·哈比比时代（1998年5月—1999年10月任印度尼西亚第三任总统），来到了瓦希德时代（1999年10月—2001年7月任第四任总统）。苏加诺时期，政府原本打算大力发展工业，进而实现印度尼西亚工业化，无奈计划落空，致使国家财政十分困难，人民生活也日益贫困。"贫困是革命和犯罪之母"，这是亚里士多德在《政治学》中说过的话。苏哈托时期，印度尼西亚的经济获得较大的增长。当时的国家大力扩大政府机构和加大在财政方面的支出，却没有考虑到人民的利益，广大人民仍然生活在水深火热当中。穷人与富人之间的收入差距越来越大。

印度尼西亚自独立以来，从苏加诺时期到苏哈托时期，国家对华人一贯实行种族同化的政策，而苏哈托时期实施的同化政策更具有强制性和针对性。瓦希德的统治很短暂，只有20个月的执政期。瓦希德执政期间，与梅加瓦蒂领导的民主斗争党以及国会的分歧越来越大。为争夺国家最高权力，瓦希德和梅加瓦蒂这对昔日好友反目。瓦希德威胁要解散国会。在这两人战斗到白热化阶段的时候，苏西洛接到瓦希德准备在雅加达等地实行紧急状态的指示，但是他并没有盲目地服从。经过深思熟虑后，他决定拒绝执行瓦希德的命令。因为瓦希德仅仅是从个人利益出发，想的是如何在权力斗争中扩大自己的利益。战后国家的经济还是没有得到很好的恢复，广大人民的生活仍然很困苦。如果现在解散议会的话，无疑会让政局动荡，影响社会的安定和人民的生活。另外，国内政治动荡也会给周边虎视眈眈的国家提供入侵的机会,这对印度尼西亚国家的长远发展是极为不利的。因此,苏西洛最终拒绝瓦希德的指示,即使后来被停职丢官也没有后悔。2001年7月,梅加瓦蒂在和瓦希德的博弈中获胜并且上台组阁时,苏西洛作为无党派人士和专家进入内阁,仍然出任政治、社会和安全事务统筹部部长。

  2002年10月,巴厘岛发生一场惨烈的爆炸。在这次爆炸案后,巴厘岛陷入动荡。政府派苏西洛出任印度尼西亚首席安全部部长,领导下属追剿恐怖分子,做好巴厘岛的安全维护工作。这是一次危险性极高的任务,被印度尼西亚国内和国际媒体的广泛关注。巴厘岛爆炸案发生一周年时,为了让领导阶层牢记这段历史,政府内部会举行了一次会议。在会议上,担任巴厘岛爆炸案负责人的苏西洛发表讲话。苏西洛在这次讲话中言辞犀利,措辞强硬,很多人将这次讲话视为所有领导人就这一敏感问题发表的印象最为深刻的讲话。苏西洛凭借自己以往在群众中积累下来的威望和精彩的电视演讲,在2004年的印度尼西亚总统大选中成为梅加瓦蒂强有力的竞争对手。"SBY"(苏西洛·班邦·尤多约诺的姓名首字母缩写）的名字，在印度尼西亚的大街小巷被广为谈论。

随着政局的发展，苏西洛的形势一片大好。由于他个人在平时的表现较为突出，在民众中间积累较高的声望。在他担任印度尼西亚的政治、社会和安全事务统筹部部长期间，亚齐特地区分裂主义势力盛行，为此，他批准军事打击行动，引起西方一些人权组织的诟病，他们将其称为"血腥"行动，但他的行为却得到印尼民众的支持。他们认为这是革新必然要经历的过程，所以对此表示理解。"似乎没有人能够让 SBY 沾染上任何污迹，而且很多人都试过。"一名西方外交官评价道，"如果他赢得选举，我们就会有机会看看他到底是什么材料做成的。"2004 年初，苏西洛作为民主党候选人竞选总统。

9 月 20 日第二轮投票前夕，印度尼西亚进行一次最新的民意调查。调查得出结论，印度尼西亚 1.53 亿的合法选民中，苏西洛拥有一半以上的支持率。

2004 年 10 月，选举公布最终结果。那天，会场上人山人海。在万众瞩目中，印度尼西亚全国选举委员会终于宣布最终的投票结果。不出所料,苏西洛当选印度尼西亚第六任总统。10月20日,苏西洛宣誓就职。

03 / 成功的内政外交

2004年,苏西洛就任总统时,面临的是国家局势动荡、官场腐败横行、贫困人口有增无减、国家经济遭受世界金融风暴的影响而损失重大等严峻的国内局势。苏西洛为政清廉,办事果断,待人温和,没有旧政权时代的官僚习气,在政界和社会各界口碑较好,被誉为"清廉先生",更是被他寄予莫大希望。

在整整两届,连续10年的总统任期里,苏西洛和他的政府抓住亟待解决的问题,深化民主改革,采取有效措施,促进社会稳定和经济发展,取得了较好的效果。

一是针对国内长期动荡的局势,他注意尽量化解各党派、教派之间的矛盾,使印尼长期动荡的政治局面得到稳定。

他重视国内地区之间出现的争端和问题，出面解决了亚齐特区和马鲁古地区的争端，成功地缓和了国内的安全局势，使国家经济踏上复苏的轨道。

二是注重贫困地区的经济发展，在他的任期内，印度尼西亚的贫困人口逐年减少。2008年，印尼经济增长超过速度6%，贫困指数从2007年的17.75%减少到15.4%。

三是实施多项措施，加快经济增速。面对2008年的世界金融海啸，印尼政府采取多项积极措施，如稳定金融市场、扶助实体经济，努力把危机的影响降到最小。

四是身体力行，开展反腐倡廉行动。印尼作为世界人口第四大国，国内资源丰富、市场广阔，加上国内动荡的局势得到缓解，中产阶层人数增加、财政体系相对稳定，公共债务水平低，是许多投资人中意的新兴市场。但是印尼腐败问题严重，桎梏社会经济发展，引发人民的不满和新的社会动荡。

2010年2月，因为一些官员肆无忌惮地收取人民的血汗钱，引起民众的强烈不满和抗议。为此，抗议民众在街上集聚，吆喝着将水牛赶到街头，在水牛的身上喷出苏西洛的名字,牵着这头水牛到处招摇。

在有关领导人的示意下,雅加达警方迅速做出回应,禁止抗议民众将水牛牵到街头还用木棍强制驱赶水牛。印度尼西亚民众表示,他们之所以进行这次活动,就是为了抗议总统苏西洛不能妥善处理腐败问题,任由腐败滋生。第二天,苏西洛在接受记者的采访时说,对于民众将他与一头笨重的水牛相提并论,并没有感到太愤怒,只是觉得这样是不道德的。

2月16日,苏西洛正式发言:印度尼西亚腐败现象现在很严重,严重影响了印度尼西亚的经济增长。印度尼西亚独立67周年前夕,他在国会上讲话中说,腐败就如同一棵参天大树里的蛀虫,如果不及早处理,势必会危及到整棵大树。这对于整个国计民生是极为不利的。反腐败斗争的行动一刻都不能停止,应该用绝对性的力量彻底根除。"反腐败斗争的战鼓不应停息。应该完全根除腐败……我必须承认,现在仍有不少腐败分子,甚至在政府、国会、地方议员和执法人员中。"他下决心惩治腐败,并且身体力行,惩治了大批贪腐官员,还大义灭亲地将自己的亲家也送入了监狱。这无疑产生了强大的社会震慑作用，也颇得民众好评。反腐败斗争取得一定成效。

但是印度尼西亚官场腐败由来已久，社会的发展也总是伴随着新的腐败，盘根错节。一系列腐败丑闻打击了苏西洛所属的民主党，也伤及执政党的选情。之后，苏西洛放缓了反腐斗争进度。这件事让当时的媒体颇有微词。

04 / 加强印中两国友谊

苏西洛很重视印尼和中国的友好交往，为两国在政治、经济和文化方面的交流发展也做出了积极的贡献。

2005年4月，应时任国家主席胡锦涛邀请，就任印尼总统不及半年的苏西洛对中国进行国事访问。双方进行了友好会谈。两国元首签署了中国与印尼《关于建立战略伙伴关系的联合宣言》，确认建立中国和印尼的战略伙伴关系，以加强两国经贸合作，扩大人文交流。这次访问进行得十分顺利,也为后来印度尼西亚与中国的进一步友好往来奠定了良好的基础。2012年,苏西洛总统再次访问中国,在亚欧首脑会议、亚太经合组织会议、20国集团峰会等多边会议上,两国元首也进行了多次会见、会谈。2006年,两国启动副总理级对话机制;2009年11月,两国政府确定2010年为"中印尼友好年"。彼此深化了政治互信、加强了经贸合作、扩大了人员交流、密切了在多边事务中的配合。

2011年11月17日,时任中国总理温家宝启程赴印尼巴厘岛出席东亚领导人系列会议,苏西洛在巴厘岛会见了来访的温家宝。这次会见对于促进东亚地区经济持续增长,促进中国和印尼的经济文化交流,改善人民生活有着极为重要的意义。

2013年10月,国家主席习近平应印度尼西亚总统苏西洛邀请,访问印尼,在雅加达同苏西洛举行会谈。双方共同决定把中印尼关系提升为全面战略伙伴关系。

2014年10月,苏西洛总统的两届任期届结束。在离任前,总统苏西洛签署2014年第12号总统决定书,正式废除1967年第6号通告,把"支那"(Cina)改称"中华"。

1967年第6号通告是印尼前总统苏哈托时代的产物，该通告把对中国和中国人、华人的称呼由Tiongkok和Tionghoa改成Cina（"支那"），是对中国与华人的国格与人格的歧视与侮辱。

苏西洛总统在决定书中提到，把"中华"改为"支那"已使华裔公民在社交上受到歧视性影响。使用"支那"术语也被认为是违背宪法精神，因为印尼民族创始人在1945年宪法第26条中已选择使用"中华"术语。这些历史因素成为苏西洛总统废除1967年第6号通告的思考基础。

苏西洛签署的决定书还规定，今后在政府机构不可再使用"支那"术语，而应使用"中华"术语。印尼政府也同时规定，把"中国人民共和国"的称呼改为"中华人民共和国"。

这是印尼政府和人民对中国友好情谊的体现，这一决策使印尼2000万华人同胞欢欣鼓舞，是印尼民主政治进步的重要体现。

2015年3月29日，苏西洛成为博鳌亚洲论坛新增加理事之一。作为刚刚离任的总统，这也表明苏西洛和他的国家将继续保持和中国的友好关系的愿望。

印尼第一位华人省长

——钟万学

钟万学（1966— ），印度尼西亚政治家、企业家，出生于印度尼西亚，祖籍广东梅州，客家后裔。1984年，钟万学考入印度尼西亚基督教大学医学院，后转入萨克蒂大学矿产技术系。大学期间，父亲病重，钟万学弃工从商帮忙打理父亲的公司。父亲病愈后，他又远赴普拉塞特亚穆尔亚商学院攻读硕士学位。2005年，钟万学以压倒性的优势赢得了东勿里洞县长的选举。2012年当选为雅加达专区副省长，2014年担任印尼雅加达省（雅京省）首位华裔省长。为政期间，钟万学作风强硬，致力于打击政府贪腐和官僚作风。他的清廉作风和反贪功绩赢得了雅加达人的称赞。2015年英文商业杂志《环球亚洲》将钟万学评为"2014年度风云人物"。钟万学现任印尼国家石油公司董事局主席、印尼国家石油及天然气集团公司董事长、印尼北塔米纳国家石油公司董事长。

01 / 复杂的成长背景

1966年6月29日,钟万学出生在印度尼西亚苏南省邦勿里洞,祖籍广东梅州。因为父亲做锡矿生意,钟万学自小家庭条件优越,衣食住行都比同龄人要好很多,那时家里就有一台黑白电视机,是全乡唯一的一台电视。为了让他和同乡的孩子搞好关系,钟万学的父亲放弃了送他出国留学的想法,于是让小万学跟着当地的小孩一起学习、玩耍,很快他结识了众多好朋友,即使在多年以后这些朋友依然同小时候一样亲密无间。

上了小学之后,班上开始有同学嘲笑钟万学,他们称钟万学是外来人员,处处排挤他。钟万学不喜欢这样压抑的生活方式,开始厌学。因为学习不用功,他的成绩一落千丈,老师对他也没有多少好感。当钟万学把他在学校的遭遇告诉父亲时,他的父亲安慰并开导他:"其实这种情况很正常,我读书的时候因为是华人受尽了歧视,刚开始我和你一样感到难过、气愤,可慢慢地我发现这样不仅于事无补，只会让人更加看不起。我试着不在意他人的轻蔑，每天努力学习，把所有需要我去做的事情都做到最好。一段时间后，曾经讨厌我的同学开始尊重我，敬佩我。直到今天，我依然感谢曾经的那段经历，它让我明白了要想改变这个世界，就必须先改变自己。同样地，你觉得别人对你不公平，你有没有试着改变这种现状呢？你的物质条件比其他同学都要好，能吃到面包，喝到牛奶，按理来说应该很聪明的。可为什么你的学习不能在班级里拔尖呢？你并不优秀，又怎么能怪别人看不起你呢？"听了父亲的这番话，钟万学开始用功学习，不久之后便拿到了班级第一名，这让同学和老师都刮目相看。虽然钟万学在学校的各个方面表现很突出，但是却因为华人的身份一直不能成为升旗手，这让他感到屈辱，并下定决心将来一定要让华人和当地人有一样的待遇。

1981年，钟万学初中毕业。为了让儿子以后有更好的机会和社交圈，父亲将他送到了首都雅加达接受教育。他希望钟万学以后可以有一番作为，改变家乡贫穷落后的面貌，于是15岁的钟万学远赴雅加达就读当地的高中。

这并不是钟万学第一次到大城市，4岁的时候，父母带他来过雅加达看病。当时父母以为小万学不会说话，四处寻求良医，一直没有效果。雅加达热闹的景象刺激了钟万学，他突然指着迎面而来的人力三轮车说出了人生中的第一个单词："三轮车。"这让父母都欣喜若狂，更让他们没想到的是，钟万学长大后特别擅长演说，还做了政府官员。

高中生活对钟万学的影响很深。他在图书馆阅读了大量的书籍，丰富的知识让他有了自己的价值观，他制定了一个目标：以后要成为一名优秀的矿业工程师。

1984年，18岁的钟万学以优异的成绩考入了印度尼西亚基督教大学，但在选择专业方面他和父亲发生了比较大的争执。钟万学的父亲希望他能学医，毕业后就在家乡做一名医生，一方面可以为看不起病的穷人服务，实现自己的价值；另一方面医生也是个受人尊重的行业，可以光耀门楣。只是钟万学高中时就立志成为工程师，所以想读矿产技术系，他再三地向父亲说明自己真正感兴趣的是矿业，只可惜父亲坚决不同意。钟万学只能在志愿单上填上医学院。不久后，钟万学拿到了录取通知书。

在医学院上了几天课后，钟万学发现自己根本无法进入学习状态，他意识到就算自己在医学方面刻苦钻研也不会有多少成就，当即决定放弃学医。他每天在各大学四处奔波，寻找适合自己的专业，但是这时候大部分学校的学生已经招满了。经过无数次的碰壁，钟万学被印度尼西亚特里萨克蒂大学破格录取，并把他安排到了矿产技术系的地质专业。

转学后，钟万学才写信告诉了父亲这一消息。父亲相当气愤和难过，立即前往雅加达。钟万学向父亲解释了自己之所以转学正是因为对医学一窍不通，即使强逼自己呆在医学院也学不会那些东西，而且要发展家乡不是只有学医这一条路径，矿产的前景十分广阔，他学成后回到家乡可以帮助村民发展经济，提高人们的生活水平。最终，钟万学的父亲被他的坚持打动，不再逼他学医，转而支持他学习自己喜欢的专业。

02 / 弃工从商坎坷路

大学期间，钟万学的父亲遇到一场前所未有的危机，公司因为经营不善而濒临破产，家族生意一蹶不振。为了改善家人的生活，父亲四处借钱整顿企业，奈何丝毫不见起色。钟家也从当地第一首富沦落为债台垒筑的穷苦人家，一度连钟万学的大学学费都拿不出来。钟万学一到假期就留在学校打工，勉强支撑自己读完了大学，有时候身上连吃饭钱也没有，只好厚着脸皮问婶婶要。前后巨大的落差让钟万学一时之间难以接受，曾经多次写了退学申请，只是对矿学的热爱让他又打消了这种想法。

尽管生活已经十分艰难了，钟万学还是经常帮助比自己更可怜的人。一次，他在街上看到一个衣衫褴褛的小孩子站在炸鸡店门口咽口水，便拿出自己仅有的零钱给小孩买了炸鸡。小孩非常开心，不停向他表示感谢。

钟万学大学毕业后找了一份与自己专业对口的工作，实现了自己多年的理想。他想要努力工作，帮家里还债。他每天早出晚归,以出色的成绩得到了领导的赏识。原本以为一切都在走上坡路的钟万学再次得到一个噩耗:父亲积劳成疾,病情恶化,弟弟妹妹也因为交不起学费被迫退学。心急如焚的钟万学当即辞退了自己中意的工作,买了车票踏上了归家的旅程。他知道,自己现在是家中唯一的支柱,必须肩负起重振家族的责任。

钟万学开始学着打理父亲的公司,他知道这是父亲一生的心血。虽然没有经商经验,但钟万学并没有退缩。他在叔叔的帮助下逐步熟悉公司业务,大大小小的事情都亲自过问,对员工也很和善。他不分昼夜地工作,公司情况开始好转。不到一年,公司就将所欠的外债全部还清。与此同时,钟万学父亲钟金南身体逐渐恢复,不久便痊愈了。

父亲康复后,同钟万学一起管理公司。因为彼此的经营观念和处理问题的方式有很大的差异,又都非常固执,父子两人常常吵得不可开交。这种矛盾持续了很长时间,他们渐渐不再交流了,使得家里的气氛也很紧张,为了改善父子两人的关系,钟万学的母亲建议儿子前去雅加达进修。钟万学也不喜欢每日处理公司琐碎的杂事,也就同意了。

他将经营权完全交给了父亲，退出公司，再次踏上求学之路。这次，他选择了管理学作为必修学科，3年后以全系第一的成绩毕业于普拉塞特亚穆尔亚商学院并获得硕士学位，之后又经教授推荐，进入电力工程公司，担任财务总监的职位，给该公司带来了超高的收益。

本以为生活就此趋于平静，谁料工作一年后，钟万学再次收到父亲病重的消息，只得辞去在雅加达的工作，又回到了家乡，并彻底接手了父亲的公司。钟万学更加稳重了，思考问题也比之前周全，不仅关注公司目前的主要业务，也开始考虑公司未来的发展。钟万学发现当地有大量的石英砂资源，只是人们不懂得开采和加工，而学过地质专业的他在这方面却比较有研究，钟万学意识到了这是一个绝佳的商业机会。

钟万学决定在当地建一个加工石英砂的工厂。没想到，办厂的中途资金链突然断裂，一筹莫展的钟万学四处寻求合伙人，希望能筹得一笔钱继续这项事业。一次商业聚会上，钟万学结识了一家公司的董事长瓦西德沃。瓦西德沃听了钟万学的创业计划后对此表示支持，并拿出100万美金帮助他。在众多热心人士的帮助下,钟万学的努尔英特拉公司注册上市了,并且于当地建立了加工工厂,期间还引进了国外的先进技术。开始的时候,钟万学遇到了很多困难,工厂无论是在技术上还是在管理上都达不到自己预想的效果。更糟心的是地方官员时常过来捣乱,收取各种费用,工厂的效益一直没有多少起色。

一个接一个的挫折让钟万学失去了开始创业时的激情,开始犹豫是否要放弃。这时,他的一个大学朋友邀请他到加拿大工作,万念俱灰的钟万学决心放弃这次的创业去外打拼。父亲知道他的想法后将他大骂了一通:"你看看家乡这么多穷人,他们没有文化,只能闷声受苦,他们需要你来改变他们的生活状况。你说走就走,自己倒是称心如意了,有没有想过乡亲们的期盼呢?"钟万学反驳道:"我们的国家已经不是一两个人可以改变的了,就算有用,谁又愿意选择我们这些外来人员做他们的领导呢?"钟金南拍拍他的肩膀,坚定地告诉他,这一天迟早会来的,只要他坚持,一切都会慢慢改变的。父亲的劝告让钟万学打消了出国工作的想法,他每天利用更多的时间学习工厂的业务,新创立的公司也慢慢走上正轨。

公司好转后钟万学也一直没有懈怠，他坚持亲力亲为，有时候忙起来几天都不休息。在他的努力下，公司业务越来越多，规模也不断扩大。钟万学萌生了把产品推向国外的想法。他开始翻阅资料了解各国市场，花费大量时间精力和外国合作商洽谈，久而久之，钟万学在外国的知名度很高，他的石英砂也有相当好的销量，在商业上取得了巨大的成功。

钟万学英俊潇洒又年轻有为，身边不乏追求者，只是他的眼光很高，不仅希望女方外貌出众，还希望对方有一定的文化品位，能与自己有精神上的交流。过高的要求让钟万学迟迟没有成家。他的母亲开始发愁，经常劝儿子早日找个合适的人结婚，不要只忙于工作。

钟万学虽然学识渊博，但是却缺少浪漫细胞。他曾谈过一个女朋友，各方面都很优秀，他也有过和对方组建家庭的想法，只是他的求婚计划非常缺乏创意，没有情话，没有惊喜，只有一句简单的话："你愿意做我的妻子吗？"这让他的女朋友非常失望，觉得钟万学过于草率，就拒绝了他的求婚。他也没有再坚持,导致两人以分手告终。

因为是虔诚的基督教徒,钟万学每月都会到雅加达普鲁伊特教堂去。一次,他去参加教堂组织的公益活动,看到了一个姑娘在弹钢琴,一下子就被迷住了。他打听到姑娘的名字叫林雪莉,便开始追求她。钟万学频繁地去参加教堂的公益活动,看望当地的孤寡老人和留守儿童。两人通过活动逐渐了解并相爱了。雪莉温柔的性格暖化了钟万学的心,他试着改变自己强硬的个性,这也让林雪莉深受感动。在交往了一段时间后,雪莉答应了钟万学的求婚。只是这桩亲事遭到了林雪莉父母的强烈反对。他们觉得钟万学来自一个小地方,没见过什么大世面,将来也不会有多大出息,他们不愿意让女儿嫁给一个没有能力的人,即便这个人目前的经济情况良好。钟万学拿出了自己的学历证书和工作证明,表达了自己积极的上进心,并对雪莉父母发誓一定会努力给他们女儿最好的生活。最终,林雪莉的父母被钟万学打动,不再反对他们的婚事。1997年,钟万学和林雪莉在最初相识的普鲁伊特教堂举行了婚礼。

结婚后两人依旧坚持每周去教堂做义工,他们也有很多相同的兴趣爱好，常常一起读书、研讨，还在家里种了花草陶冶情操，两人感情也越来越深厚。

钟万学在一点一滴的生活中慢慢地改变，他会在雪莉生日的时候送一束她最喜爱的玫瑰花，甚至在每个节日都给雪莉准备些小礼物。结婚3周年的时候，他给妻子买了一条她梦寐以求的项链，这些都成为了他们感情的润滑剂。

03 / 弃商从政一心为民

钟万学婚后不久，父亲就因病去世，这给钟万学的精神造成了很大的打击。当他看到家乡人民的生活依然很差，甚至没有钱买药时，就想到了父亲曾经跟他说过要努力改变这一局面。此时的他也意识到，即使自己的工厂在当地招收大批工人，也难以使人们的生活水平提高，要从根上解决这一问题，自己必须成为政府官员。一旦有了权力，自己就可以申请大笔拨款分给穷苦群众，彻底改变家乡贫穷落后的面貌。

2003年，钟万学的家乡划到了新设立的县区——东勿里洞县，这对于他来说是一个极好的机会。为了竞争县长这个职位，他加入了新印度尼西亚联合会党（新印联），并被选为该党的主席，参加议会选举。为了专心准备政治上的事务，钟万学辞去了普鲁伊特教堂委员会主席的职位，这一举动引起了教会众人的不满，大家觉得他是为了自己的利益参与选举，对他所要走的政治道路完全不看好。

面对外界的各种声音，钟万学没有自暴自弃，他心里暗暗发誓一定要做出成绩。只是这个时期，政府有规定华人不得参与政治，所以钟万学的支持者很少。为了赢得选举，他开始四处演说，深入各个乡镇进行宣传，给村民们提供各种福利，利用联合会党仅有的经费给村子修建学校，给还在上学的小孩购买书本和学习用具，帮助缺水的村子打井。通过一系列的行动，钟万学名声大噪，支持者也越来越多。

与此同时，其他的政党也开始走进基层拉拢人心，他们的经济实力远在新印联之上，分发的礼品更为丰厚，甚至有人直接出钱购买选票。钟万学意识到这样下去最终的领导者只会是一些唯利是图的小人，根本不能给贫困的人们带来任何改变。他决定立即停止新印联的所有捐赠，而是希望可以通过竞选纲领赢得人心。他召集了先前帮助过的村子里的群众，村民因为新印联之前的福利，都很支持这个政党，表示一定会把票投给新印联。这时钟万学突然大骂这些人是傻瓜。他说："你们支持我难道就是因为我曾经给这个村子建过学校吗？我建学校是花了不少钱，可是如果我当选了，几个月的时间就可以翻倍地赚回来，你们呢？还是像以前一样辛苦地谋生。为什么你们要关注现在所能得到的礼品，而不去长远地看待选举这件事情呢？你们应该把重点放在各个政党的纲领上，看他们是不是真心为你们服务，这么简单的道理大家不明白吗？"钟万学说完后，村子里的人都散去了，大家觉得他简直是神经病，之后投票时这里的村民几乎无人选择新印联。

新印联虽然在议会选举中成绩不佳，只有 2.7% 的得票率，不过依然得到了进入议会的机会，钟万学被选为议员，参与政治。任职后，钟万学坚持为当地人民谋福利，从未利用公职贪污政府拨发的款项。有时候,议员们去一些企业考察,企业常常给他们塞红包,但钟万学从来没收过。若政府发的出差津贴还有剩余的话,他也会主动交公。有职员拿伪造的出差费用单找他报销时,他不仅拒绝签字,还会严厉地教育这些人。

钟万学得到了参政机会后,发现自己并没有特别开心,每天忙碌的工作压得他喘不过气,周围同事的排挤更是让他觉得心累。更重要的是,他了解到议员的工作只是提提意见,很多政策落实不到位,没有人去制定具体的计划,这与自己工作的本意相悖。他发现只有拥有更高的权力,更大的平台才能实现自己的理想,于是决定参与县长选举。

有了之前竞选议会的经验,钟万学对这次县长竞选很有信心,他还是坚持用自己的服务宗旨和理念进行宣传,坚决不采用以金钱拉拢选民的方式,他总觉得通过那样的方式,即便自己当上了县长也不是多么光荣的事情,仍会有大批政敌站出来反对自己。为了拉选票,他深入基层,下到各个乡镇,和村民们坐在一起解释自己的政治理念,并让群众给他提意见。一次,他去到一个偏远山区里进行演说，村民们提出，只要他能在选举前给村子里购置些储水罐，全村人都会把票投给他。钟万学知道这个村子用水困难，也想帮助他们改善条件，但他并没有立即答应村民的要求。他告诉村民，只要他当了县长，一定会解决他们的用水问题，因为那是他的职责，但他现在不能捐赠储水罐，这样就会有买选票的嫌疑，他不希望自己违背开始定下的原则。后来，村民们还是把票投给了钟万学，他们愿意相信这个真诚坦率的年轻人。

2005年，钟万学以压倒性的优势赢得了东勿里洞县长的选举，他获得37.13%的选票，可见其在人民群众中的威望。钟万学的成功让很多政党觉得不可思议，他们难以想象，不花一分钱竟能说服如此多的群众。作为华人，他的胜利是具有划时代的历史意义的，人民投票时不再注重被选举人的种族和宗教，开始看中个人的能力和信誉。同年8月，钟万学在议会大楼里宣布就职，正式成为东勿里洞县的县长，此时的他想到了父亲当年跟自己说的话："总有一天，你会成为家乡的领导人，改变这里的落后面貌。"

钟万学上任后，很多朋友给他送了礼物，祝贺他当选为县长,其中一个做生意的朋友送了他一台电冰箱,钟万学拒绝了朋友们的心意。他不想日后利用职权给朋友们提供便利,这有违他的初心。有银行董事找到钟万学,希望和他达成合作,要求他将政府发放的财政资金存到这家银行,答应给他丰厚的利润回报,被钟万学严词拒绝。任职期间,还有不少企业家找上门来,送奢侈品和大笔现金,但是钟万学从未收下。看到这种情况,他的手下职员给他提建议,让他把原来工厂遗留的设备租出去,这样就不会留下任何把柄,还能赚取高额的利润,钟万学听后很是生气。他告诉职员,他并不是害怕被人举报,而是不希望这种不正之风在他所执政的这片土地上出现。

他坚持为民服务的理念,一心一意为人民做实事,他还去到之前的偏远山区,为他们购买了大批储水罐,解决了当地村民长期的用水问题。通过他的努力,东勿里洞县的人民渐渐摆脱了贫穷,大家都很感激钟万学这个华人县长。2006年年底,钟万学辞去县长的职位,竞选省长,只可惜最后以微弱的票数差距惜败对手,但他并没有就此放弃,而是做了长远打算。2007年6月,钟万学被任命为新印联的秘书长。

然而，党内的各种利益纠葛让钟万学心力交瘁，仅仅3个月后，他就宣布辞去秘书长的职务，并退出新印联。

2009年，钟万学决定参选国会议员。为了获得候选人的资格，钟万学在退出新印联后，决定加入专业集团党，并且成为专业集团党在邦加勿里洞省选区的候选人。不过专业集团党似乎并没有对这个新成员给予足够的重视，因为在他们推荐的4名候选人中，钟万学排名垫底。根据当时的选举规则，政党根据得票率确定议员名额，然后根据事先确定的推选顺序确定议员。而邦加勿里洞省总共只有3个国会议员的席位，所以即使全部被专业集团党获得，排名第四的钟万学也不可能当选，除非排在前面的候选人出现什么意外。钟万学接受了专业集团党的推选，不过他也很清楚自己当选的可能性微乎其微，于是他为自己制定了一个很谨慎的竞选方案，预算不能超过3000万印度尼西亚盾。

钟万学把自己的手机号印在宣传海报上，如果选民有任何的问题或诉求，可以直接给他发短信，也可以通过电子邮箱，或者通过钟万学的个人网站给他留言，他承诺一定会尽快回复。在当时的环境下，钟万学这些举动是极富创意的，获得选民们的热烈回应和支持,不过这些创新行为也遭到了竞争对手的嫉妒和报复。钟万学的许多宣传标语和竞选海报被人偷偷地撕毁、涂抹。不过钟万学很是淡然,他说:"还好,我没有花很多钱,损失还不算太严重。"

出乎钟万学的意料,选举出现了转机。宪法法院认为政党根据排名指定议员的做法是不符合选举法的,裁定必须按照议员候选人的得票率确定当选议员,也就是谁获得的选票多,谁就可以当选议员,由选民而不是政党来决定谁将最终成为国会议员。最终,在2009年印度尼西亚国会选举中,钟万学在邦加勿里洞选区获得了最高票,顺利当选印度尼西亚国会议员,另外两位议员分别来自民主斗争党和民主党。2009年10月10日,钟万学和其他599名当选代表一起,在雅加达的国会大厦宣誓就任国会议员,任期2009年至2014年。

04 / 辉煌的政绩

钟万学接手东勿里洞县政务以后，发现县里的公务员大多以权谋私，收受贿赂。他深入了解后找出了根本原因：除了少部分人是贪心不足，腐化堕落，大部分公务员是因为工资水平过低，生活压力巨大。为了改变这一现状，他申请提高公务员的收入并得到了落实。他还给乡镇的基层管理人员发放补贴，这些工作让当地的公务员深受感动，纷纷响应号召，不再行贿受贿。钟万学大力整顿了不良风气，公务员秉公办事，群众也不再受到索贿行贿的困扰。

通过统计全县人民的最低工资水平，钟万学发现了诸多问题，最为严重的是当地民众的收入普遍很低，在食物、交通和住房等日常生活开销之后几乎没有剩余。这就使得大部分村民没钱看病，小孩也都上不起学，这让钟万学感到十分痛心，他决定改变这种现象。

钟万学拿出财政资金的 20% 做为东勿里洞县的教育基金，他还削减了自己一半的差旅费填补到教育费用上。为了提高当地人民的文化水平,从根本上改变人们的穷苦生活,他决定将9年义务教育拓展成12年,所有学生可以免费读到高中毕业。为此,他答应设有高中的学校,由政府出资定期维修校舍,每年再给学校发放一定的教育基金用于支付老师、校长的工资,这些学校于是答应免除学生上高中的各项费用。钟万学还设立了奖学金制度,考上大学的学生均可以申请,这也给很多家庭减轻了负担。当地的教育水平由于钟万学的重视也日渐提高。

教育问题解决后,钟万学把重点放在了医疗上。他发现很多人为了治病花光了所有积蓄也不见好,只得放弃治疗。为了从本质上改变现状,他决定推行医疗保险政策,在半年里,他跟众多保险公司进行交涉,希望他们可以给东勿里洞县的所有居民上医疗保险,费用由政府承担。历经几轮谈判,终于说服了一家保险公司,将这一想法落到了实处,之后不论富人穷人看病都不用再花钱。在此基础上,钟万学还要求各大公立医院提高医疗的服务和质量,他总是利用闲暇时间到医院查访,了解病人的病情和医院工作人员的态度。如果有病人向他反映问题,他也会及时有效地去解决。人们对钟万学充满了感激，都称他为最佳县长。

除此之外，钟万学还给特困家庭发放救济金，让他们的基本生活得到了保障。知道贫困家庭有人去世，他也会抽空亲自前往慰问并送上抚恤金。他还在乡镇修建柏油马路，使当地的交通更为便利，人们的出行更加方便，同时经济得到了大力发展。

钟万学还牵头制定了扶助中小企业发展的规划，推动建设经济开发区，计划将开发区建成棕榈油产业中心，可以集中存储和处理整个东勿里洞地区出产的棕榈油产品，并通过码头运送到全国各地。

为了提高政府各部门的办事效率，钟万学要求县政府的各个机关部门都搬到芒伽尔县城的希望大街，在这里设立东勿里洞县的行政办公中心。街这边是县长办公室、规划局、投资服务局，街对面是县议会办公室和警察局，人们找政府各部门办事免去了来回奔波之苦，政府各部门之间协调工作的效率也大大提高。

2012年9月20日，钟万学作为当时新当选的雅加达特区省长佐科·维多多的搭档，成功就任雅加达特区副省长。

他和佐科着手改善了困扰雅加达多年的交通和水患问题，这也是佐科能当选总统，以及钟万学能突破印尼华人参政困局的主要原因。佐科当上印尼总统后，2014年11月19日，钟万学就任雅加达特区省长，成为雅加达特区首位华裔省长。作为华裔的钟万学，掌管着世界上人口最多的穆斯林国家的首都，他的实干态度被很多雅加达人称赞。

　　钟万学明显有别于以往不温不火的雅加达领导。他重实效轻形式，敢言更敢为。他强力打击政府贪腐和官僚作风；建立评分制度考核官员表现；整顿公务员系统，禁止浪费公款；严惩纪律差或业绩差的公务员，以吸收"新鲜血液"充实、替换特区政府工作人员；以透明、公开的方法处理问题，显示出印尼政界的一种新形象。钟万学处事雷厉风行，作风务实，成为印尼政界的一种新气象。有媒体列举钟万学上任后的成绩单：他在提升劳工最低工资的谈判中发挥了重要作用；他鼓励街头摊贩搬迁至指定地点经营，以缓解交通拥堵；他定期在YouTube上传省政府会议视频，以提高执政透明度；他还经常对政府部门进行突击检查；为了推动雅加达官僚体系改革，提高行政效率，钟万学时常公开斥责不思为民服务的官员。2015年1月版的英文商业杂志《环球亚洲》将钟万学评为"2014年度风云人物"。

钟万学有时也会得罪一些高官,他敢作敢为的形象也被一些人拿来大做文章。一些议员心生芥蒂,向雅加达首都特区议会提出动议,希望找到钟万学犯下"致命错误"的证据来整治他。对于这些调查与评估,清廉正直的钟万学一点都不担心,展开反击调查。在财政预算案中,钟万学发现了一些可疑的项目,似乎意味着议会中也许存在"贪污"现象,司法部门、警方或肃贪委员会(KPK)进行调查,还了钟万学清白。同时,一些人仍然不死心,他们制作了钟万学因不满官员的低效率而大发雷霆的短片,在印尼网上流传。但是,这些非但没有令他形象受损,反而使钟万学获得了更大的欢迎,一些民众说:"我们知道你是谁。我们了解你的人品。"

他所做的一切足以证明,只有不断努力,才能立于不败之地;只有不轻言放弃,才能做自己想做的事;只有不断进步,生命才会出现奇迹。

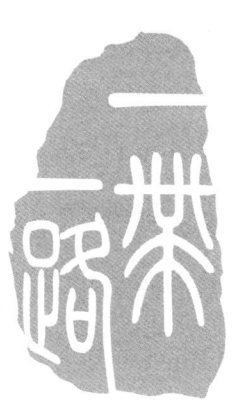

左翼文学家

——普拉姆迪亚·阿南达·杜尔

普拉姆迪亚·阿南达·杜尔（1925—2006年），印度尼西亚现代文学家。普拉姆迪亚出生在爪哇的一个没落的封建贵族家庭，自幼深受家庭民族意识的影响。印尼八月革命（即独立战争）初期，普拉姆迪亚任军中新闻官员，1947年荷兰发动殖民战争时被捕，1949年获释。1950年，他写成以八月革命为主题的长篇小说《游击队之家》。20世纪50年代，普拉姆迪亚任人民文化协会中央理事会理事，同时兼任印度尼西亚文学协会中央理事会副理事长和《东星报》文艺副刊主编等职务。他在1954年写的中篇小说《贪污》和1957年的短篇小说集《雅加达的故事》中，均表达了对现实不满和批判。1958年，普拉姆迪亚写成中篇小说《南万丹发生的故事》，获得1964年的耶明基金会文学奖。1965年，普拉姆迪亚在"9·30"事件中被捕，1979年底获释。他在布鲁岛拘留营时，根据搜集到的故事写成四部曲，1980年发表的长篇小说《人世间》是其中的第一部，受到国内外文学界的重视。

01 / 人民的发声者

1925年3月6日,普拉姆迪亚出生在中爪哇岛的小市镇布洛拉。他的家庭原本是封建贵族家庭,但是因为父亲广泛接受了西方的自由、平等思想,所以对于自己的家族想要进行一场大的变革,便将自己的名字从玛斯杜尔改成了杜尔。因为他的父亲认为:既然要接受先进的革命思潮,就必须让自己改头换面,所以他首先将带有爪哇封建社会贵族子弟色彩的"玛斯"一词从自己的名字中剔除。普拉姆迪亚的父亲毕业于一所当地著名的师范学校,后来在教育界中施展才华。由于教育界的先进理论传播较快,加上对于封建社会有着极大的不满,他的父亲研究了当时影响力最大的部迪·武多莫社团的革命理论,并深受启发,遂从教育界转投革命事业。普拉姆迪亚受父亲的影响,也萌发出一种对封建主义的深恶痛绝之情,对下层受压迫的劳动人民充满了同情。他认识到如果想要改变现在的社会性质就必须依靠下层民众的力量。

普拉姆迪亚的母亲欧密·萨伊达出生在一个贵族家庭。欧密的母亲以小妾的身份嫁给了愣邦市的市长，在家庭中的地位低下。据说那位市长娶欧密的母亲是因为当时有一个神算子说，如果想要有一个幸福的婚姻，必须娶4个老婆，而欧密的母亲正是第三个牺牲品。欧密出生之后，母亲被赶出了家门，因此她对这个家庭充满了厌恶和仇恨。由于当时广泛兴起女权主义运动，欧密也和当时的其他女性一样都接受了小学教育。她15岁时嫁给普拉姆迪亚的父亲。

正是由于都支持反对封建主义、反对阶级压迫、提倡平等的先进思想，所以母亲全力支持父亲参加无产阶级革命。但是由于当时荷兰殖民政府全面抑制这种革命活动，普拉姆迪亚的父亲为了不让荷兰政府发现他是"左派"革命者，阻止普拉姆迪亚出去工作。后来，为了维持家庭生计，他的父亲不得不到荷兰政府开办的学校去教学，这使得他的"左派"活动受到了很大的限制。他的革命意志一下子消沉下来，终日都在赌场中度过，家里的人对他极其失望，特别是普拉姆亚的母亲，不但要接受心理上的打击，还要扛起维持生计的重任担在肩上。普拉姆迪亚是母亲一把泪一把血地拉扯大的，正是见到了母亲为生计而辛苦操劳，他才更加对受压迫的劳动人民充满了深深的怜悯。

虽然丈夫整日低迷，家庭生计也入不敷出，但是母亲仍然坚持让普拉姆迪亚去学校接受教育。母亲每天靠帮别人洗衣服挣钱养家。有时当普拉姆迪亚深夜醒来时，还会听到母亲拿木棍敲打衣服的声音。因为长时间在水中浸泡搓洗，母亲的手早就不像之前那样细腻白嫩，手上的细纹变成了沟沟壑壑。每当普拉姆迪亚看到母亲为整个家庭操劳时，更加体会到了下层劳动人民为了生计奔波的艰辛，暗暗下定决心要用功读书。

母亲为别人洗衣服的收入根本应付不了家里的各项开销，但是除了这些，她实在没有什么一技之长，无奈之下只能跟着乡下的亲戚一块种地。在普拉姆迪亚帮助母亲做农活时，深深知道做农活的辛苦。当时那个年代，种地的是最没有出息的，因为每年的收成和付出并不成正比，没有好年景一切都是白搭。当普拉姆迪亚眼睁睁地看着无数下层人民为日日果腹而肩挑背驮、操劳繁忙时，他的内心更是无比的煎熬。

早年的生活经历为普拉姆迪亚早期的创作提供了大量的生活素材,特别是印度尼西亚1945年爆发了八月革命,更让生活在社会底层的普拉姆迪亚懂得了在阶级压迫、殖民统治下,下层人民的生活是如此地艰辛。

普拉姆迪亚在其前期作品中,塑造了各式各样被生活压迫的下层民众,深入地剖析了当时下层民众命运多舛的深层原因:由于当时生产资料的匮乏,家里必须有充足的劳动力来支撑农活的耕作,然而人口多又会反过来增加家庭负担。八月革命爆发之前,印度尼西亚和日本侵略者展开斗争。当时家里的年轻劳动力都被政府强制性征用去支援前线,农村的土地无人耕种。城里的流民为了躲避战乱而流离失所,饥荒很是严重。那时,荷兰和日本的殖民者建立了殖民政府,向下层劳动人民收取苛捐杂税,本来靠着微薄的收入还能勉强填饱肚子,但沉重的税收像大山一样压得这些人喘不过气,有的人就陷入绝望,最后被逼上绝路。当普拉姆迪亚看着这些朴实而又坚强的农民不能左右自己的命运时,怜悯之情油然而生。

除了对农民不幸的描写，普拉姆迪亚更着重写了在当时更悲惨的一部分人——妇女。或许是因为家中母亲和外婆的缘故，让普拉姆迪亚的作品中塑造了如此多的受压迫的妇女形象。普拉姆迪亚在小说《万登南部发生的事件》中写到：穆索老爷是当地一个封建贵族家庭的当家人，他因为祖上为国立功，所以被赏赐了大量的土地和钱财。有了钱和权的支撑，穆索老爷更加作恶多端，他找农民耕种土地却不给他们发工钱，就算发工钱，他也要在工钱中斤斤计较。就算是这样，农民也只能替他劳作，因为他们自己的土地早就被这些人给收了去。但兔子急了也是要咬人的，有几个大胆的年轻农民就发起了反抗：反正一穷二白，大不了就是这条命。这样的话语激起了这些农民心中积压已久的怒火，他们冲进穆索老爷的家去打、去砸，去穆索老爷的地里将那些农作物全都毁掉。穆索老爷得知这些事情之后，就赶快跑到田地里去看他的那些庄稼，转而又回到自己家看损失有多么惨重。当他正走到家门口时，就看到自己的妻子在收拾被那些农民打碎的花瓶，就开始将这一切不开心的事归咎到他的妻子身上，他破口大骂："你这个身带霉运的女人！"从这篇文章的叙述中，普拉姆迪亚认为农民不仅要饱受这些战争、天灾的影响，他们还要应对眼前的"财狼虎豹"，还特别突出了处于社会下层的妇女被男权压迫的现状。

普拉姆迪亚前期的作品中有大量封建主义势力对下层人民的压迫的描述。普拉姆迪亚的代表作《海女儿》就写到：海女儿是一个渔民的女儿，她对大海有着深深的眷恋之情。她喜欢渔民的生活，却嫁给了一个从未谋面的男人。当海女儿的丈夫听到海女儿生了一个女孩时，他立马转身离开，并在3个月之后把海女儿撵出了家门。海女儿就去找县太爷，但是县太爷没有为她主持公道，反而利用自己的权力将海女儿扣留下来。普拉姆迪亚通过描写县太爷来展示了爪哇的封建主和贵族对普通人的压迫，表达了对于爪哇封建主对劳动人民，特别是对妇女压迫的深恶痛绝。

由于见惯了农民在这个封建社会中为生存奔波忙碌，普拉姆迪亚年轻时在新闻社当职员时就十分注重对民生问题的报道。在他经手的报道中，每一篇都流露出他对于下层人民生活的关注，透露出对印度尼西亚社会政治制度的厌恶和思考。特别是官绅政治对下层人民的迫害，暴露了印度尼西亚封建社会的凶残腐败。

02 / 笔尖上的革命者

普拉姆迪亚的小说的选题常常是从殖民主义、帝国主义、封建主义、资本主义入手，小说的内容常常从这些背景下的普通老百姓的生活入手，用炽热的言语表达自己对当前社会的看法：印度尼西亚必须通过革命或者是独立战争来推翻这些压迫人的大山。他认为，在印度尼西亚实现独立的过程中，必须首先推翻压迫在人民身上的封建主义大山，之后再将殖民者从印度尼西亚境内驱逐出去，然后再进行资产阶级革命，最后通过团结基层人民进行社会主义革命，由此实现印度尼西亚人民的自由、平等、富强的愿望。

受父亲的影响，普拉姆迪亚的思想指导也是民主主义的反封建、反殖民的左派思想。他认为只有让无产阶级掌权，印度尼西亚的压迫才会彻底消失；只有让无产阶级当政，国家才会对外实现独立，对内实现繁荣。

普拉姆迪亚曾说过：父亲爱这个国家爱得很深沉，父亲的爱国精神和反殖民主义、反帝国主义的精神曾让他觉得他的父亲是世界上最值得尊敬和爱戴的人。普拉姆迪亚评价父亲：是一个不怕牺牲而且刚强的人，对未来充满了希望，有自己独到的想法，并且可以为他的理想勇敢地拼搏。普拉姆迪亚的父亲在教育部工作时，提倡全印度尼西亚人应获得平等的教育权，他还创办了极具有印度尼西亚特色的学校。父亲还是一个追求自由权利的文学家，他挣脱了宗教的枷锁，痛恨封建主义。虽然父亲后来在革命事业受挫时败下阵来，但是普拉姆迪亚没有因此动摇过自己的民族革命思想、摧毁一切旧秩序的斗争精神。他的追求民主、自由的精神，反封建、反殖民的思想都是受到父亲潜移默化的影响。

普拉姆迪亚小学毕业之后，来到泗水市广播学院学习。学习期间，他整日都在学校图书馆中阅览各种各样有关民主革命、反对殖民主义的书籍。如：巴尔扎克的《人间喜剧》，左拉有关反帝国主义、反殖民主义战争的书籍。这些书对于普拉姆迪亚的创作方向都有着极大的影响。后来，他又到日本在印度尼西亚设置的合法学府上中学。通过当时导师的引导，普拉姆迪亚了解到了古希腊哲学的智慧，并深深地被这些书籍所吸引。中学毕业后，普拉姆迪亚又进入泗水市广播学院深造。

1942年，日本将印度尼西亚当作殖民地来统治。这期间，普拉姆迪亚由于在泗水市广播学院成绩优秀，且知识渊博，见解独到，学校派他去新闻社参加工作。学校认为报社非常需要这样勇于发表言论的人。在发表的文章中，普拉姆迪亚狠狠地批判了当时帝国主义对外宣传的"共存共荣秩序"，认为这种披着道德和正义外衣的秩序，实际上是用军事武装来逼迫殖民地人民对其投降。普拉姆迪亚还批判日本在印度尼西亚建立殖民政府，并且毫不留情地戳破了日本帝国主义想要统治东南亚的大阴谋。1945年，日本帝国主义宣布投降。随后，印度尼西亚爆发八月革命。

8月15日后，印度尼西亚通过了独立宣言，标志着印度尼西亚由半殖民地国家转变成了独立自主的国家。在印度尼西亚战争初期，普拉姆迪亚从民间新闻社转到了军方新闻社工作，他深入前线去报道当时印度尼西亚人民自发地拆卸日本帝国主义在国土上安置的武装设备，同时也见证了印度尼西亚人民是如何将帝国主义在印度尼西亚设置的电视台一步步摧毁。他深入报道了印度尼西亚被压迫人民对于帝国主义的痛恨，也见证了当时日本帝国主义对于印度尼西亚经济侵略的程度之深，如对交通、钢材、矿山的占领，使得印度尼西亚政府和人民完全被帝国主义压制，没有自主权力。

1945年日本投降之后，荷兰以解除日本武装的名义将军队从雅加达入驻到印度尼西亚各地。同时以这个借口将军队派遣进印度尼西亚的，以及英国的军队。印度尼西亚人民为了不让刚刚取得独立自主权力的印度尼西亚共和国再次陷入被瓜分的狂潮，自发地进行了反对荷兰、英国军队入侵的斗争，其中就有对殖民主义深恶痛绝的普拉姆迪亚。同年10月25日，英国军队和将近14万印度尼西亚人民在泗水市发生了激战，这次战斗直到英国政府要求印度尼西亚总统出面停止战争才结束。但是由于有英方的军官被打死，11月10日，事态再次被激化。英军在空军的掩护下对全泗水市进行了疯狂的轰炸屠杀。尽管泗水市民顽强抵抗，但是由于兵力武器不足，伤亡惨重，遭到严重打击。1947年，普拉姆迪亚因被搜出身上带有反对荷兰和英国殖民者的传单而锒铛入狱。

在1947年到1949年将近两年的囚禁期间，普拉姆迪亚一直都在思考该如何拯救印度尼西亚。刚刚从日本的铁蹄下解放出来，在名义上获得独立的印度尼西亚，还没有进行大刀阔斧的改革，就又被荷兰纳入了它的殖民地。想到这里，普拉姆迪亚的心中非常苦闷。作为一个以笔为革命武器的作家，普拉姆迪亚在他的作品中表达了对帝国主义咬牙切齿的恨，他狠狠地批判了殖民者用武力轰开印度尼西亚国门的野蛮行径，表达了对顽强抗争的国人的热情赞扬，以及想要印度尼西亚实现国家独立的愿望。

在两年的牢狱生活中，普拉姆迪亚同一起入狱的印尼与荷兰战争中的俘虏讨论当时的印度尼西亚政府应该如何将荷兰殖民者赶出国土，但是他们都是一群"可悲的人"，空有反对殖民主义、反对封建主义的理想,却没有办法将这些政治理想运用到当时的政治斗争中。除了谈这些对国家的政治设想,普拉姆迪亚在闲暇还和监狱中其他人讨论因为政治动荡而遭受的生活困苦。在监狱中,他还听到一悲惨的故事。

一个乡下女子,幼时就失去了母亲,父亲辛苦将她抚养长大,她对父亲很是感激。但是后来,父亲开始抽起了鸦片,还在外面欠下大量的赌债,追债的人甚至都找到了家里。父亲身无分文,便想到自己还有一个年龄合适待嫁的女儿,于是打算将她卖给当地一位富商当小妾。面对生养自己的父亲,女孩的内心十分纠结,如果逃走,父亲将面对继续被别人讨债的困境;可是嫁给一个大自己很多岁的老头,又十分不甘心。最后,女孩选择在自己和父亲的饭菜里下了毒。与其活得生不如死,倒不如一起离开人世。

除了这位女孩的故事,普拉姆迪亚在监狱中还听过各种各样的故事。后来,这些都成了普拉姆迪亚写作中的现实素材。

当在狱中的普拉姆迪亚得知荷兰对印度尼西亚发动了

第二次殖民战争后,立刻被激发了创作潜能,他以第二次反殖民战争为背景,描写了一个家庭自愿加入游击队。但是在加入游击队的第3天,这个家庭就被荷兰殖民者摧毁。这本书就是普拉姆迪亚前期作品的代表作《游击队之家》。这本小说展示了印度尼西亚人民在面对外来侵略者时顽强的抵抗精神和无畏的牺牲精神。书中所描绘的不同阶级之间的抗争、人性与"兽性"的冲突都展示了普拉姆迪亚早期的人道主义思想。不仅仅是这篇小说,在狱中他还写成了3部短篇小说集《革命的火花》《布罗拉的故事》《黎明》,以及长篇小说《追捕》《被摧残的人们》等,成为普拉姆迪亚早期的代表作品。

1949年,荷兰向印度尼西亚移交国家主权,当时荷印战争中的"政治犯"都被无条件释放。出狱之后,普拉姆迪亚一直从事文学创作。与此同时,他还在关注印度尼西亚政府以及当时的总统苏加诺会如何找到一个适合本国国情的政权制度来治理国家。

普拉姆迪亚非常爱戴印度尼西亚共和国的首任总统苏加诺,在一次接受记者采访时,他曾这样评论苏加诺:"他是印度尼西亚改革的佼佼者，在政治、历史、地理、文化等方面的知识没有一个人可以与他相比。自他下台以后，印度尼西亚没有出现过真正可以带领印度尼西亚人民走出泥潭的人，他就是我心中所期待的领导形象。"

普拉姆迪亚一直都将苏加诺当作自己的偶像。苏加诺曾说过：想要通过民族革命实现民族独立，就必须和广大人民大众相结合，人民大众的力量是无穷的，改革的中心力量必须依靠人民大众。普拉姆迪亚比任何人都理解苏加诺的这番话。早年的生活历练和两年牢狱之灾的磨难，让普拉姆迪亚深刻地意识到人民的力量。以致于在之后的创作中，普拉姆迪亚一直都将人民作为写作的主题。

1955年，普拉姆迪亚读到了高尔基的《母亲》，并且翻译了这本书。在翻译过程中，普拉姆迪亚对高尔基作品中写到的社会主义现实主义产生了浓厚的兴趣。后来，普拉姆迪亚翻阅了大量相关著作，对社会主义现实主义进行深入研究，并且撰写了《印度尼西亚文学和社会主义现实主义理论》。受社会主义和高尔基的《母亲》的影响，普拉姆迪亚认为：要消除殖民主义、帝国主义、资本主义的压迫，就必须在思想上取得解放，要取得思想上的解放就必须依靠文学这一武器。文学不应该仅仅为封建贵族或资产阶级服务，它应该担负起服务人民大众的任务。同时，作家应该从社会现实出发去描写各色各样的革命事件和处于革命浪潮中的人民，而且作品在刻画社会现实的同时，还应该引导群众接受社会主义思想，以实现思想和行动相统一。

在印度尼西亚，人们一提到《母亲》和社会主义现实主义就会想到普拉姆迪亚的政治见解，以及他作品中所流露出来的思想。对于高尔基的《母亲》对自己的影响，普拉姆迪亚曾说过：有个人只是摇了摇支撑房子的柱子，但是这所房子却整体在摇晃。高尔基的《母亲》是以俄国20世纪初发动的俄国革命为背景，作品中的母亲是伟大的。在那个充斥着动荡和骚乱的年代，她的儿子想要打破传统政治阶级观念的枷锁，建设一个美好的世界。母亲在得知儿子的"理想"之后，深深地知道儿子这样会遇到多大的阻碍，也深深地了解封建贵族会对这个家庭所做的迫害。这位母亲虽然担忧儿子安全，但还是全力支持儿子的想法。这位母亲甚至从最基本的识字做起，竭尽全力去帮助儿子完成社会主义的工作。后来他们还一起结交了一群志同道合的革命朋友，他们一起为自己的理想社会而奋斗。为此，他们不惧牺牲、不畏艰险，一切都是为了社会的道义，为了推翻压在背上的封建皇权主义的大山。

《母亲》中所塑造的生动丰满的母亲形象，让普拉姆迪亚深刻地感悟到革命者的精神世界的崇高，特别是母亲最后不顾自己的生命，去传发儿子的演讲单，不幸被捕后发出的呐喊："真理是用血的海洋也扑不灭的"。之后，普拉姆迪亚根据自己的感悟塑造出了自己作品中勇于反对殖民主义、封建主义和帝国主义的女性形象。

20世纪50年代末，普拉姆迪亚应邀加入人民文化协会，任中央理事会理事。与此同时，在理事会的推举下，兼任印度尼西亚文学协会中央理事会副理事长。后来，他还担任《东星报》文艺副刊主编，将《东星报》作为左翼文学的重要阵地，展开了一系列革命文学运动，并且将印度尼西亚现代文学推进到一个政治意识和先锋色彩浓厚的阶段。他的文学理论及文学作品大大推动了印度尼西亚革命的发展，对后世有着深远的影响。

左翼文学家——普拉姆迪亚·阿南达·杜尔

1965年"9·30"事件后，普拉姆迪亚虽然没有在大屠杀中丧命，却被新上台的苏哈托政府扣上了"政治犯"的帽子，再次被投入监狱。

普拉姆迪亚被关押在布鲁岛留营整整14年，直到1979年才被释放。在岛上囚禁的14年中，因为没有外界的干扰，普拉姆迪亚的创作灵感更是有如泉涌。他把底层人民生活的悲惨故事以及两次在监狱生活中的见闻都当作创作的素材，创作了十余篇小说。

1977年，印度尼西亚军政府放松了对普拉姆迪亚这些"政治犯"的监管，普拉姆迪亚终于有机会在劳役的空闲时间给女儿写信。他在信中写道：自己在这12年的监禁中，遇到了各种内心善良的人。这些善良的人向他述说曾经的种种幸福，也让他想到了自己从前幸福的家庭。有人向普拉姆迪亚询问到底该如何处理好家庭问题。在这囚禁的12年中，普拉姆迪亚见惯了生死，这些死去的人中有些比他还年轻，那些人在没有家人的情况下，一声不响地离开了世界。从这封信中可以看出当时普拉姆迪亚内心是多么地煎熬，多么地痛苦，他无处倾诉，也没人理解他的苦闷。

他只有将自己苦闷、愤怒的心情都倾注在笔端，所以才有了堪称"布鲁岛四部曲"的长篇小说的问世。

这四部长篇小说分别是——《万国之子》（1980年）、《人世间》（1980年）、《足迹》（1985年）、《玻璃屋》（1988年）。"布鲁岛四部曲"描绘了爪哇地区一个爱国志士经历过一次次失望、一次次奋斗而成长壮大的经历。男主人公是一个出生贵族的青年人，名叫明克，他在帮助父亲外出做生意时，遇到了一位女子。后来在两个人的相处过程中，明克与这位印欧混血的女子相互倾心，明克不顾家庭、世俗的反对，两个人按照伊斯兰教的习俗结为夫妻。但法庭却判决了他们的婚姻不合法，而原因就是安娜丽丝还未成年。法庭为了惩罚这段"非法"的婚姻，强行将安娜丽丝送到荷兰监禁起来，而照看安娜丽丝的人正是她同父异母的哥哥。安娜丽丝被押送到荷兰后，不止一次萌发出想要逃跑的想法，但是照看她的人是她的哥哥，她不能因为自己的逃跑而让哥哥受到严惩。安娜丽丝整日以泪洗面，最终抑郁而死。在安娜丽丝抗争的同时，明克也在想各种办法营救安娜丽丝，但是所有努力都无济于事。

明克得知安娜丽丝死后,就立志要脱离家庭在社会上自立。没有了家庭的庇护,明克只得自己去谋生活。他曾看过凶悍蛮横的殖民者用武器强迫农民交出赖以为生的土地和财物,也看过乡绅贵族用自己的权势将良家妇女抢来当小妾。

后来,明克结交了很多进步人士,也接触了很多先进的思想。当他听了中国进步青年的革命事迹后,瞬间明白了这几年的漂泊到底是为了什么。明克昂扬的斗志和充沛的精力加入民族独立运动中。他用自己的爱国意识感染了千千万万与他一样的青年。他们创办了进步组织。明克还创办了报刊《广场》,宣传革命思想,激发起广大人民的爱国主义情怀。

这四部长篇巨著展示了当时印度尼西亚进步青年的思想和抗争,在国内外受到了广泛的关注。

在这14年的创作中,普拉姆迪亚的女权主义思想也得到了长足的进步。小说《人世间》中塑造的温托索罗姨娘就是向压迫妇女的封建势力发起抗争的代表。在小说中,荷兰政府法院认为明克和安娜丽丝的种族不同,两人的婚姻是不合法的,甚至连温托索罗和安娜丽丝的母女关系也是不合法的。但是对于法院的判决,温托索罗姨娘并不认同,她对明克说:"明克,我们要反抗,你有胆量吗,孩子?尽管没有法律条例,我们也要反抗,我们将成为反抗拜仁法庭的第一批土著居民,这难道不是一种荣耀吗?"小说中,温托索罗姨娘用自己的权利反抗社会压迫,团结下层妇女和民众力量与这个社会做斗争,这已经不同于普拉姆迪亚早期写的受到压迫而不知道反抗的女性。从温托索罗姨娘的人物塑造,可以看出普拉姆迪亚对女性认知的改变,他认为妇女也应该接受教育来解放自己,通过团结民众力量来反抗来自各方的压迫。

在被囚禁的 14 年中,普拉姆迪亚除了创作长、短篇小说,还将一些在当时不能公布的材料用笔记的形式记录下来。在他的笔记中记录了日本帝国主义拐骗印度尼西亚妇女的方式:他们哄骗这些无知的妇女,会帮助她们去新加坡或日本接受更高的教育,而且还要资助她们深造的费用。这样的条件着实诱惑了不少印度尼西亚妇女。但是她们不知道,谎言背后的真相是多么地残忍。事实上,这些妇女当了日本士兵的慰安妇。她们被日本士兵肆意蹂躏、摧残,没有办法逃出深渊，也没有办法寻求法律的保护。在印度尼西亚独立之后，这些被拐走的妇女身心都遭到极大的摧残。

出狱之后，普拉姆迪亚的"布鲁岛四部曲"受到了空前的关注，但是当时的印度尼西亚政府认为普拉姆迪亚的作品具有煽动性，于是软禁了普拉姆迪亚，并禁止售卖普拉姆迪亚的作品。但就算是这样，还是有很多人将那些作品抄写下来，并进行传阅。

1998 年，普拉姆迪亚终于获得自由。虽然他的身体已经日渐衰老，但是他依然没有放弃他斗争的工具——创作。2001 年，他在整理自己 14 年监禁生涯的日记时有感而发，整合出了一本揭露"二战"时日军强征慰安妇的书，在这本书中，他表达了对日本帝国主义的痛恨和批判，也表达了对于妇女的同情和感伤。

2006 年，81 岁的普拉姆迪亚·阿南达·杜尔因病离世。

03 / 左翼文学家

普拉姆迪亚是印度尼西亚战后最多产的作家，重要作品还有：短篇小说集《革命随笔》（1950年）、《黎明》（1950年）、《布洛拉的故事》（1952年，获全国文化协商机构1953年小说创作奖）；中篇小说《追捕》（1950年，获图书编译局的最佳小说奖）、《不是夜市》（1953年）、《镶金牙的美女米达》（1953年）、《雅加达的搏斗》（1953年）；长篇小说《被摧残的人们》（1951年）和《勿加泗河畔》（1957年）等。

1980年，普拉姆迪亚发表的第一部长篇小说《人世间》，是他在布鲁岛拘留营里写的四部曲中的第一部小说。这部反映19世纪末印度尼西亚民族觉醒萌芽时期的历史画卷，受到国内外文学界的重视，但也遭到一些人的非议。四部曲中的第二部小说《万国之子》也在1980年底出版。

作为一名作家，普拉姆迪亚一生被人称作"左翼文学家"。由于政治上的立场，导致他在印度尼西亚一直没有什么地位，政府和文学界也没有给予他太多的重视。虽然普拉姆迪亚在1979年底得到了名义上的自由，但是他实际上在印度尼西亚没有言论自由和参加任何文学团体的自由。尽管如此，普拉姆迪亚的作品仍旧在国际上享有盛誉，仍是一名出色的文学家。迄今为止，普拉姆迪亚的50多部作品，被翻译成40多种语言。《人世间》在首次出版后，5个月内再版4次，舆论界甚至呼吁题名普拉姆迪亚为诺贝尔文学奖候选人。美国康奈尔大学教授安德生评价普拉姆迪亚是"南亚地区最伟大的文学家"。1995年，普拉姆迪亚还获得了菲律宾拉蒙·麦格塞塞文学奖，轰动了很多印度尼西亚文学界的人。当时，印度尼西亚26个文学家以及文化名人向菲律宾拉蒙·麦格塞塞奖文学基金会抗议，要求他们取消对普拉姆迪亚的授奖，因为他们认为普拉姆迪亚曾经是以"人民文化协会"为代表的左翼文化分子，因此不值得获得此奖项。

普拉姆迪亚·阿南达·杜尔用一生的坎坷经历，以及两次在监狱中的所见所闻，创作出了为后世所称赞的著作。这些著作不仅表达了人民的心声，更加推动了印尼人民反对封建主义、殖民主义和帝国主义的斗争，他为印度尼西亚成为一个独立自主的国家做出了自己的贡献。他的作品中所描述的当代印度尼西亚，是一个用血和泪铸造的国家。不论是印度尼西亚人民还是世界人民，只要这个国家被封建主义、殖民主义和帝国主义所压迫过，就会对普拉姆迪亚的作品产生心灵的共鸣。就是因为这样，普拉姆迪亚的作品才会永远被人民铭记。

羽毛球的忠实守卫

——叶诚万

叶诚万（1972—），印度尼西亚著名羽毛球运动员、教练。叶诚万出生在东爪哇省的玛琅市一个贫寒的华裔家庭，1997年获得亚洲锦标赛男单亚军，1998年汤姆斯杯助印尼队斩获金牌，2000年悉尼奥运会男子单打夺得银牌，2001年获国际羽联世界锦标赛金牌，2002年汤姆斯杯第三次夺冠，将印尼推上汤姆斯杯历史上第一个连续五次夺冠的国家的殊荣。2003年，叶诚万因伤病退役，2005年开始任职印尼羽毛球教练。他以网前小球技术在全世界出名，技术娴熟，并且拥有非比寻常的耐心与毅力。如今，50多岁的叶诚万依旧为羽毛球奋斗，尽职尽责地执教。他为羽毛球所做的一切努力也使他成为印度尼西亚人心中的英雄。

01 早年对羽球的热爱

说起叶诚万，就不得不提起一个著名的城市——玛琅。玛琅，又名狮城，是东爪哇省的第二大城市。玛琅位于印度尼西亚爪哇岛以东，距离苏门答腊岛大概80千米。玛琅曾经是荷兰殖民者的军事中心，到现在还遗留着很多当年的军事古迹。玛琅虽然是一座商业城市，农业和纺织等轻工业却也发展得很好，而且并没有商业城市那种喧闹活跃的气氛，是座极其安静的城市。街道上没有川流不息的人群，街边也没有诱人的小吃，也没有公共汽车。可是即使如此，玛琅还是有值得被推崇的地方。这里的旅游资源非常丰富，尤其是著名的火山地质构造使这个地方展现出不一样的风采。

1972年6月27日，叶诚万就出生在玛琅。印度尼西亚属于热带雨林气候，一年之中基本是两个季节——夏季和冬季。冬季是印度尼西亚的雨季，大雨小雨绵延不断，而夏季是印度尼西亚的旱季，雨水不是很多。叶诚万就出生在印度尼西亚的初夏。

叶诚万是家里的第三个孩子，他的父亲和母亲都是华裔，父亲名叫叶在书，母亲叫古凤英。他还有一个哥哥和一个姐姐。因为家里仅靠一间卖蔬菜的店铺为生，再加上人口较多，并不富裕。可是这并不能影响一家人对生活的热爱。也许是家人生性乐观，也许是受印度尼西亚当地气氛的熏陶，叶诚万家虽然不富裕，生活却很悠闲，平日里除了经营那家小店之外，全家人在一起经常做做运动。

与其文气的名字相反，叶在书是一个非常喜欢运动的人，他经常带着孩子们打羽毛球，教他们发球与打球的技巧。叶在书的梦想就是成为一个著名的羽毛球运动员，可惜最终没有实现，年纪越来越大的他渐渐放弃了这个梦想，他将自己的希望寄托在自己的小儿子身上。叶诚万的哥哥姐姐对这项运动并不是十分感兴趣，可是叶诚万受父亲的影响最大。叶诚万的天赋较高，又胜在勤奋刻苦，经常一个人悄悄地练习羽毛球，进步很快。看到小儿子非常用功，叶在书的心里非常高兴，他觉得自己距离梦想的实现更近一步。父亲也成为了叶诚万在这条路上的启蒙导师，叶诚万能在这条路上越走越远，与父亲的影响与培养有很大的关系。

据说，叶诚万不满1周岁时，就喜欢抓着父亲的羽毛球玩，一看见父亲在外面打羽毛球，幼小的叶诚万就会发出一阵阵"嘿嘿"的笑声。于是叶在书认定自己的儿子在打羽毛球上绝对有超乎常人的天赋，开始计划如何培养自己儿子在羽毛球方面的爱好与技能。也因此，才会有那个名扬天下的叶诚万。

1984年的一天，12岁的叶诚万独自一人背着球拍来到当时著名的 PBDjarum 俱乐部（针对羽毛球俱乐部），这个俱乐部是叶在书推荐给他的，里面名人云集。叶在书坚信自己的儿子在里面一定可以学有所成。即便如此，叶在书在决定让儿子去这个俱乐部学习的时候，心里还是异常纠结的。因为这个俱乐部离家实在太远，而且训练条件十分艰苦。如果叶诚万去了这个俱乐部，那么一年只能回家三四次，他担心12岁的叶诚万受不了这样的煎熬。最后叶在书决定征询儿子的意愿。叶诚万当下做出决定：前往 PBDjarum 俱乐部。哪怕离家千万里，哪怕孤身一人，哪怕训练艰苦，他都要去。看到叶诚万对于羽毛球运动的热爱，叶在书的心里感到十分欢喜。兴趣是最好的老师。对于叶诚万来说，他事业的成功除了兴趣所带来的欢乐之外，还有父亲对他的教导和支持。

PBDjarum 俱乐部是一个注重学生全面发展的地方，除了开设专业课之外，还开了很多文化课，可是叶诚万对于这些科目并不是很感兴趣。他上课时经常走神，去想一些关于羽毛球技术方面的事，偶尔也会思念家乡的风景。老师让他回答问题，他也总是支支吾吾，因此很多老师并不喜欢他。唯独语文老师比较关心他，叶诚万的语文成绩相较于其他科目来说也比较好。童年时，因为家里穷，没有什么钱买玩具，闲暇时分，叶诚万只能靠从邻居那里借来的书打发时间，久而久之也就养成了阅读的习惯，所以他的语文成绩也就稍微好一点。

虽然没有父母陪伴，孤身一人在外的叶诚万并不感到难过。在 PBDjarum 俱乐部最能让叶诚万骄傲的，是他的羽毛球技术。他热爱羽毛球，并甘心为它付出几乎所有能利用到的时间。真正的热爱是将自己选择的事业坚定不移、持之以恒地继续下去，并为之不懈奋斗、努力。叶诚万在羽毛球事业上的坚持正是他成就一生的关键。一个人可以比别人平庸一些，但是一定要有一项拿得出手的强项，而叶诚万在羽毛球上的造诣就是他一生的骄傲。

叶诚万在俱乐部的训练很是辛苦，又因为他在羽毛球上的天赋和热爱，教练对他十分重视，因此他的训练比平常的孩子还要更辛苦些。在基础训练阶段，他要进行固定路线的训练，掌握正确的技术要领；在全面提升训练的阶段，他则要进行不固定路线的综合训练。这种训练帮助叶诚万熟练地掌握了羽毛球运动手法和步法，提高了他的控制力和反控制力，让他更大程度上接近实战水平。他还要和人进行对抗训练，提高自己的动作技术质量。叶诚万一般都要进行二对一训练，这种训练对于身体的负荷是超强度的。虽然训练很累，但是叶诚万并不抱怨。因为他的父亲曾经跟他说过，自己选择的道路就一定要坚持走下去。

叶诚万在PBDjarum俱乐部还遇到自己的初恋。这个女孩名字叫作西尔维娅。当时叶诚万一个人在PBDjarum俱乐部，也没有什么朋友，西尔维娅的出现，让叶诚万寂寞的心灵仿佛找到依靠。当时的他不到15岁，还不懂什么叫做爱情。他只是觉得自己见到西尔维娅，就心跳加速，回避又觉得难受，只有见到她才觉得分外安心。过了好几个月，叶诚万理清自己的思路，开始确定，自己是真的喜欢西尔维娅的。经过很长一段时间的思考，叶诚万决定向西尔维娅表白。他特意选了一个黄昏，约西尔维娅到公园，然后自己支吾吾，说不出话来。他懊恼地抓了抓自己的头发，西尔维娅看着憋得满脸通红的叶诚万，问："你的脸怎么这么红？"听到女神对自己说话，叶诚万回答："可能是因为外面太阳快下山了，阳光照得脸红。"西尔维娅听到这句话扑哧一笑，她对叶诚万是有一些好感的，也早就注意到这个年轻男孩子追随自己的目光。她接受了叶诚万的表白。这段纯情的恋情让叶诚万有了心灵的依靠，也为他的成长进步提供了动力。

后来叶诚万离开 PBDjarum 俱乐部，因为一些时间和空间方面的限制，叶诚万的这段恋情并没有得到长久的发展，最后以分手告终。可是他的羽毛球技术并没有因此停滞，反而突飞猛进。

02 / 不凡的比赛成绩

1987 年，15 岁的叶诚万转去了 WIMA 俱乐部，在这个俱乐部待了3年。1990年，他已经18岁了，到了考虑人生发展方向的时候。摆在叶诚万面前的有两条路：一是去读大学，二是继续自己在羽毛球方面的事业。与父亲一番沟通，叶诚万决定继续打球，他坚信自己在这条道路上一定会有不小的成就。同年，叶诚万加入唐卡斯俱乐部。唐卡斯俱乐部是当时印度尼西亚最有名的羽毛球俱乐部。在这个俱乐部中，叶诚万遇见他人生中非常重要的导师——来自中国广东的黄教练，这是在他的父亲叶在书之后第二个对他的人生带来重大影响的人。黄教练非常喜欢这个很有潜力的羽毛球选手，为了能让叶诚万进入国家队，他尽全力激发叶诚万的潜力。他不仅教授叶诚万高超的球技，还教给他做人的道理。在生活方面，黄教练也对叶诚万悉心照顾。

1993年，黄教练和叶诚万的梦想得以实现，21岁叶诚万成功地进入国家集训队。父亲得知这一消息，十分激动，也倍感欣慰。进入国家集训队之后，叶诚万就获得法国公开赛冠军。这是他的第一个冠军头衔。法国羽毛球公开赛最早于1909年开始举办，这是由法国羽毛球协会主办的比赛，在国际上具有很大的影响力。叶诚万1993年获得的这次冠军也使他在国际羽坛崭露头角。

在叶诚万进入国家集训队的这一年，叶诚万与自己的初恋情人——西尔维娅重逢了。自 PBDjarum 俱乐部分别以后，西尔维娅和叶诚万再没有机会重逢，后来各自都曾有过恋情。

叶诚万决定重新追求西尔维娅，在他的不懈努力下，西尔维娅答应了叶诚万，两人重新发展恋情。西尔维娅本来也是羽毛球单打选手，但是为了能让叶诚万以更好的状态进行训练，西尔维娅放弃自己前途光明的事业，一心站在叶诚万的背后，支撑他打完一场场职业赛。不得不说，西尔维娅的支持给叶诚万带来了很大的动力。

1997 年，叶诚万代表印度尼西亚参加亚洲锦标赛，这是叶诚万第一次参加这么高层次的比赛。他站在场地一侧，目光瞟过周围的一圈观众，他突然觉得自己的一颗热血之心开始沸腾。可是由于赛场经验不足，叶诚万最后还是败给了中国选手孙俊，仅仅获得男单亚军。这次亚洲锦标赛的结果让他倍感失望，但是他并没有灰心。

1998 年是叶诚万收获颇丰的一年。1998 年 5 月的汤姆斯杯中，本来是印度尼西亚第一单打的阿尔比状态不佳，第二单打叶诚万半决赛中战胜中国队的罗毅刚成功晋级到决赛，在决赛中又打败马来西亚的名将杨福景。在他的超常发挥下，印度尼西亚队顺利卫冕，叶诚万因此受到国家队教练们的重视。汤姆斯杯也就是世界男子羽毛球团体锦标赛，创办于1948年，是世界著名的国际性赛事之一，每两年举办一次，举办方是国际羽联。叶诚万在这个国际赛事中取得的成就使他的世界排名大幅上升。1998年8月的新加坡公开赛中，叶诚万力克中国第一单打孙俊，战胜丹麦的名将彼得·盖德，成为他羽毛球事业最为巅峰的时刻。在之后12月的曼谷亚运会上，叶诚万最初的表现让人欣喜。他作为印度尼西亚的第一单打，再次战胜孙俊。从1997年的亚洲锦标赛上不敌孙俊，屈居亚军，到如今两次轻松战胜曾经让自己仰望的对手，短短一年时间，叶诚万的进步飞快。可是他在之后的比赛中却表现得差强人意。由于负伤在身，他败给了中国队的董炯，再次屈居亚军。因为前些年的羽毛球事业一直是一帆风顺的，这次比赛的失利，给叶诚万带来不小的打击，甚至影响了他的心态，以至于他在1999年的表现平平，甚至在世界锦标赛中都无缘四强。

叶诚万也意识到这个问题，一直在努力调整自己的心态。有时候影响一个运动员最多的，不是他有多精湛的技术，而是是否能保持良好的心态。2000年，沉寂一年的叶诚万终于在汤姆斯杯的比赛中复活。5月的汤姆斯杯，在决赛中，叶诚万击败了被中国队寄予厚望的小将夏煊泽，再一次取得汤姆斯杯的冠军。经过这次比赛，叶诚万的状态慢慢好转，即将回归他的巅峰时期。

2000年9月，悉尼奥运会上，叶诚万先是在1/4决赛中打破孙俊的奥运冠军梦想，接着再一次击败中国新秀夏煊泽，成功闯入决赛，可是他最终还是没能获得这次奥运会的金牌。在决赛中，他与中国新锐吉新鹏狭路相逢。刚开局的时候，叶诚万一直没有进入状态，只能勉强应付吉新鹏的进攻，不到30分钟，吉新鹏就以15:4的比分拿下第一局，力压叶诚万。可是叶诚万毕竟是印度尼西亚老将，快速调整自己。第二局刚开始时，他凭借自己在网前的丰富经验和细腻的打法压制着吉新鹏。虽然吉新鹏的网前经验不足，却在体力上有很大的优势，而且他的相持球打得也很不错。吉新鹏及时改变战术，终于在后半场的时候成功打出优势，最后以 15：13 的比分打败叶诚万，夺得金牌。比赛之后，有记者采访了叶诚万。他诚挚地表示，吉新鹏是一个很好的对手，与他这一战淋漓尽致，并不后悔，只是自己的技术应该提升了。

2001 年 1 月，叶诚万和西尔维娅结为夫妻，没有正式的求婚，也没有特别盛大的婚礼。对于两人来说，相识相知完全就是一种奇妙的缘分。

2001 年，叶诚万经历了悉尼奥运会的失败之后，竞技状态一直无法得到好的调整。可是妻子西尔维娅给予了他强大的精神支撑，使他一直对自己的羽毛球事业充满信心。他在这条路上一直坚持着，努力着，从来不轻言放弃。在这一年，中国队的吉新鹏，夏煊泽等人的状态陷入低谷期，技术水平一直得不到提升，孙俊和董炯也相继退役，可是年龄比他们都大的叶诚万依旧在球场上奋斗，这充分表明叶诚万的毅力与决心。他还有梦想没有实现，他要向印度尼西亚人民和全世界证明，自己是世界上最优秀的羽毛球运动员，而且他也不想让一直在身后默默付出的妻子失望。

事实证明，付出总是会有回报的。虽然有时候这份回报会来得晚一些，但只要坚持，希望总还是会有的。2001年的世界锦标赛在西班牙的塞维利亚举行。叶诚万带着父亲的期望，妻子的祝福奋战在球场上，终于在决赛中依靠自己的精湛技术，打败当时的世界冠军丹麦高手皮特·盖德，成功加冕世界冠军。比赛结束后，叶诚万将积压在心中许久的怨气发泄了出来，他终于圆了自己和父亲的梦想。

2001年7月，西尔维娅生下了她和叶诚万的第一个孩子。为了纪念自己在锦标赛上的成就，叶诚万给自己的女儿取名为塞维利亚。

2002年的汤姆斯杯赛上，老将叶诚万再次出马，他依靠丰富的实战经验和精湛的技术力克对手闯入决赛。在决赛中，他击败对手罗斯林，一个来自马来西亚的年轻选手。在他的努力之下，印度尼西亚成为第一个在汤姆斯杯中连续五次夺冠的国家。在这一年，叶诚万的儿子也出生了，他给自己的儿子取名为亚历山大·托马斯。

不得不说，体坛的圈子真的很小，兜兜转转，总能遇到老熟人。2002年的釜山亚运会上，叶诚万又遇到自己的老对头夏煊泽。一场对局过后,夏煊泽并没有展现出自己年龄上的优势,反倒被叶诚万凌厉地挫败。虽然这时的叶诚万已经是两个孩子的父亲,但是他依旧有能力和精力同那些年轻人一战。夏煊泽事后接受采访,他说自己败在叶诚万手中,着实汗颜。虽然叶诚万在半决赛中失利,并没有闯入决赛,但是他的体育精神和对羽毛球的热爱,还是让人敬佩。

03 / 尽职尽责的教练

因为高强度的训练和身体机能的逐渐下降,叶诚万一直深受伤病的困扰。2003年,他做出一个重大的决定,退出印度尼西亚国家羽毛球队。虽然很不舍,但是这是一条他不得不走的路,而他做出这个决定的时间已经比别人迟了好多年。他意识到自己没有机会参加雅典奥运会了,此时退出国家队是他最好的选择。但是放弃在竞技场上挥洒汗水，并不意味着要放弃自己的羽毛球事业。叶诚万退居二线，当了教练，决心用自己的智慧和经验培养出一批超越自己的羽毛球选手。

2005年，叶诚万出任印度尼西亚队女单教练。之后，2006年10月他又出任印度尼西亚队男单教练，专门指导陶菲克和西蒙·桑托索。陶菲克被称为"羽坛神童"。在世界羽坛男单运动员中，他是第一位集奥运会、亚运会、世锦赛、汤姆斯杯冠军于一身的大满贯球员。而另一位人物西蒙·桑托索的表现就没有那么让人惊艳，但也是中规中矩，不时有超常发挥。叶诚万一直在将自己的经验传授给小辈，希望他们能从中得到提高，并根据选手的实际情况制定详细的训练计划，帮助他们调整战术。叶诚万越来越觉得，想成为一个优秀的教练也是一件不容易的事。但是只要能和自己钟爱的羽毛球为伴，他的心里就是欢乐的。

2009年5月，印度尼西亚队在第十一届苏迪曼杯的比赛中获得季军，这个结果差强人意。比赛结束后，叶诚万向印度尼西亚羽协递上辞呈，他本来是打算3月份辞职，为了让印度尼西亚顺利完成苏迪曼杯，这才推迟两个月。叶诚万辞

羽毛球的忠实守卫——叶诚万

职的消息一经传出，就有很多粉丝纷纷表示惊讶。他们都不明白为什么叶诚万要离开印度尼西亚国家队。面对媒体的采访，叶诚万只是言简意赅地说明自己还有一个家庭要养活。另外，有传闻说，叶诚万除了担任印度尼西亚男单教练，还在雅加达的一家石油商店做代理推广。由此可知，叶诚万离开国家队还有一个原因是印度尼西亚给的待遇有限。而马来西亚那边则是花重金聘请他去做教练的，所给的报酬是当时叶诚万在印度尼西亚所得报酬的5倍。为了自己的家庭和未来，叶诚万在内心挣扎纠结之后，还是选择离开印度尼西亚国家队，和马来西亚签了两年的合同。这样一来，本就走下坡路的印度尼西亚队又失去一名强有力的教练。叶诚万虽然离开国家队，但是对于印度尼西亚队的未来还是非常关心的，并且希望印度尼西亚政府可以重视羽毛球的发展，为其投入更多的资金。

2009年7月1日正式走马上任，出任马来西亚男单教练，马来西亚的名将李宗伟是他的新弟子。李宗伟的资质很不错，可以说是马来西亚羽毛球界的一哥，叶诚万对这次执教很有信心。为了激发出他全部的潜能，他做了不小的努力。

为了在异乡和球员们处好关系，他将父亲激励自己的话又说给球员们听。他希望每个球员都可以树立一个目标，并且要为这个目标矢志不渝地奋斗，要有不达目的誓不罢休的气魄。

关于为什么要让叶诚万担任李宗伟的教练，大马羽总技术总监弗洛斯特做过这样的解释：为了能让李宗伟在世界锦标赛和在伦敦奥运会上有所突破，决定给李宗伟换一名新的教练，可以帮助李宗伟获得更大的转变和刺激。李宗伟在两场艰苦的比赛中将要面临的最强的对手是来自中国队的林丹和谌龙。

叶诚万作为李宗伟的教练，目标主要是帮助李宗伟应对林丹和谌龙两位中国队高手。他深入研究了林丹和谌龙的打球技巧，并且给李宗伟制定了详细的训练计划。叶诚万表示，李宗伟之后的训练会更加辛苦，但是为了劳逸结合，让他重获最佳状态，他将会多出一天空余时间来休假。叶诚万由曾经的球员转变为教练，2009年8月份的世锦赛，将是对叶诚万的一次考验。

2009年的羽毛球世锦赛，李宗伟慢慢克服了心中的阴影，但是还是再次败给林丹，李宗伟的世界排名也稍微下降了一些。在赛后，林丹回忆这次世锦赛，说自己在这次世锦赛中遇到的最强的对手是李宗伟。李宗伟的打球动作行云流水，技巧娴熟，再加上一些逼真的假动作，让人难以捉摸。实际上，李宗伟的球技几乎完美，但却陷入每逢大赛发挥一定失常的阴影。只要李宗伟完全突破自己心理的阴影，发挥出自己真正的实力，就可以重新问鼎球坛。

心态的调整是一个需要花费时间的过程，叶诚万也曾经历过低谷期，对这种感觉深有体会。叶诚万努力帮助李宗伟摆脱心里的阴影。

叶诚万对李宗伟抱有很大的信心，他相信有朝一日李宗伟可以依靠自己的实力追回排名。他有信心带领马来西亚的一哥重新回到巅峰。这是叶诚万的追求，同时也是大马羽毛球队技术总监弗洛斯特的愿望。

2015年，李宗伟禁赛风波过后，叶诚万陪他度过长达8个月的阴暗时期。在这期间，他不断给予李宗伟信心和鼓励，并针对他做一些专项的私人训练。8个月过后，李宗伟复出，技术总监佛洛斯特给叶诚万下达任务，希望李宗伟可以在最短的时间内取得世锦赛的冠军，拿回奥运会的金牌。

在停赛的几个月期间，李宗伟对赛场节奏的掌控越来越生疏。叶诚万说出李宗伟的问题，虽然体力有余，但精神却不够专注。赛场不比训练场，每分神一下就有可能失去获胜的机会。为了让李宗伟精神专注地参加接下来的比赛，叶诚万不断调整训练计划。李宗伟按照他安排的计划积极地进行着训练。

叶诚万和李宗伟其实是亦师亦友的关系。叶诚万看着他在网前厮杀的孤独身影，就仿佛看见了16年前的自己。因为热爱羽毛球，憧憬着成为世界冠军，他一直坚持着，直到梦想实现。如今，身为教练的叶诚万深知李宗伟内心的不甘与痛苦。在与林丹对局的几场比赛结束后，大家的目光都投向头顶冠军头衔的林丹，只有少数人注意到一旁手持球拍一脸无奈的李宗伟。那时，叶诚万就下定决心，一定要成为李宗伟最强有力的支持，帮助他找回巅峰状态的感觉。

叶诚万带给李宗伟最大的影响，就是战术思想上的变化。李宗伟之前的思想偏保守，在叶诚万执教下，他开始主动进攻。李宗伟参加的几届奥运会都未能获得冠军，这是李宗伟和叶诚万心中的遗憾。在2016年的里约奥运会开赛之际，媒体曾经采访叶诚万。叶诚万表示，对李宗伟有充足的信心，李宗伟有战胜一切对手的能力。他觉得李宗伟的心里有团火，可以说是燃烧的热血。

虽然面对媒体这么说，但是叶诚万的心里还是非常紧张的。在里约奥运会上，他在一旁观战，依旧感觉到巨大的压力，甚至紧张到腹部抽筋。李宗伟独自一人挑起大马队的重任，现在要独自一人面对中国的两大强将谌龙和林丹，不论是从体力还是从精神上来说，压力都是巨大的。这也是叶诚万如此担心李宗伟的原因。如果最后李宗伟输给两人中的任意一个，那么他也无能为力。在那一年时间里，他已经尽自己最大的努力帮助李宗伟。

2016年，叶诚万和李宗伟的目标几乎实现了一半。李宗伟的世界排名从之前的183名一直上升到世界第一。在这段时间内，李宗伟在叶诚万的帮助下成功取得9个冠军头衔，还拿到这年世锦赛的冠军头衔和里约奥运会的银牌。

叶诚万和大马队的合同到期后，李宗伟希望他可以继续教自己，而叶诚万虽然不提续约之事，但是可以肯定的是，马来西亚羽总署理会长拿督斯里诺扎对叶诚万的评价很高，只要叶诚万本人愿意，这份合同就有可能续签到2018年，而他将帮助李宗伟继续在2020年的东京奥运会上取得更好的成就。为了延长李宗伟的职业生涯，叶诚万再一次帮李宗伟调整了训练计划。他不喜欢将自己的徒弟逼得太紧，主张松弛有度，积极寻找训练与恢复、紧张与放松之间的平衡点，这种对训练强度的把握，对李宗伟日后的发展也将产生很大的影响。在这一点上，叶诚万无疑是经验丰富的，这也体现出他身为一名教练该有的责任心和耐心。

在李宗伟退役后，叶诚万又帮助大马羽总培养出了名将李梓嘉和黄智勇。印尼羽总也再次向叶诚万抛出橄榄枝，希望他能回归。

人都有进取之心，而叶诚万将这份进取之心演绎到极致。在叶诚万还是球员的时候，他就一直秉持着自己的原则，不轻言放弃；如今他身为一名教练，也希望把这份信念传给自己的徒弟和每一个热爱羽毛球的人。为了羽毛球，他几乎付出自己一生的心血。那时在赛场上奔跑弹跳是为了实现自己和父亲的梦想。如今他身为一名教练,在台下观战,他依旧制定自己的目标,和球员一样承受压力,成为球员们背后默默的支持者。不论经历多少风雨,始终不忘初心。

羽坛反手之王
——陶菲克·希达亚特

陶菲克·希达亚特（1981—），前印度尼西亚羽著名毛球运动员，世界羽毛球3大顶级赛事奥运会、世锦赛和汤姆斯杯的冠军获得者。陶菲克出生于印度尼西亚万隆一个普通的农户家庭。从小就深爱运动，15岁进入印度尼西亚国家羽毛球队，1999年在亚洲青年锦标赛上夺得冠军，同年在全英羽毛球公开赛决赛中获亚军，2004年夺得雅典奥运会金牌，2005年世锦赛再次夺冠，成为世界羽坛男单运动员中第一位获得奥运会、亚运会、世锦赛、汤姆斯杯4项赛事冠军的大满贯球员。2009年，陶菲克退出印尼国家队，2013年告别羽坛。陶菲克最辉煌的时候，是印度尼西亚的羽毛球王者，是人们眼中的天才，他将天赋与比赛的美感和细腻融为一体，真正地将羽毛球运运动的美发挥到极致。在羽坛，人们将他誉为"羽毛球之王"。

01 / 逆袭之路

1981年8月10日，陶菲克出生在距离西爪哇省省会万隆将近20千米的一个小村庄。父母是地地道道的农民，从小的生活不算太富裕，一家人靠卖土豆的微薄收入勉强维持生计。

陶菲克小时候因为总是不好好吃饭而十分瘦小，但是这一点也没有影响他调皮捣蛋。小时候，陶菲克就是十分不服管教的人，不爱学习经常惹得父母生气，让父母为他操碎了心。但是，他在学校却有一门相当喜欢的课，那就是体育课。每个星期四下午的第一节课就是体育课，他每次都会早早去学校。因为陶菲克是体育课的积极分子，老师也时常把他当作得力助手，让他带领同学们一起运动。

每节体育课，老师会带着同学们穿越一条曲曲折折的小路去一条清澈的小河边玩。河边有一种像棉絮的植物，在乡野，有很多的小孩都喜欢吃这种尝起来甜甜的植物。河边有一片面积很大的空地，等同学们都安定下来之后，老师就告诉陶菲克说:"你组织他们玩吧,玩什么由你们自己定夺,我就在旁边照看着你们。"陶菲克于是把队伍分成羽毛球队和足球队,由同学自愿报名。每次,陶菲克都要选足球队,还被公选为足球队长。在赛场上,陶菲克总是冲在第一个,他指挥着全队,整个队的协调配合出乎意料的好。老师很是喜欢这个运动小子。

1989年,8岁的陶菲克对父亲说,想当一名运动员。在父亲看来,他这是在为自己不想学习找借口,当场回绝了他。每次当陶菲克想和爸爸提这件事情时,看着爸爸操劳的样子欲言又止。经过长时间的挣扎,陶菲克鼓足了勇气告诉爸爸,他长大就要当一名运动员时。父亲看着孩子这一脸认真且严肃地模样,没有立即拒绝他,而是问他:"你为什么想当运动员?"陶菲克回答说:"因为我从小在这乡野长大,你们每天忙着干农活也没有时间管我,我就是喜欢运动的感觉,你让我一天安安稳稳地坐在教室里,对我来说实在是太困难了,这样还不如让我当一个运动员。"父亲愧疚自己对儿子平时的关心不够,终于答应他。陶菲克激动地跳了起来。他迫不及待地告诉父亲想当一名足球运动员,但是父亲听后告诉他:"你要当运动员,我答应你。你如果要当一名足球运动员,那你一辈子就只能在印度尼西亚这个地方待着,在国际面前展现才华的可能不大。但是如果你当羽毛球运动员的话,一定可以代表国家出战的,再说羽毛球也是印度尼西亚的国球,到时候父亲也会为你而骄傲的。"

陶菲克听了父亲的话,心里是高兴大于落寞的。只要能实现当运动员这个愿望,做什么都可以。之后在父亲的安排下,他去了当地一所比较有名气的体校,报了羽毛球专业。

刚到体校时,陶菲克心里实在是开心极了,他终于到了自己从小到大梦寐以求的地方。或许是家庭环境的影响,独立惯了,他在体校的新生活过得游刃有余。面对天天枯燥乏味的日常训练,陶菲克没有任何的埋怨,反而十分享受。

第一次进入训练场,陶菲克就被这里专业的训练场地和器材震惊了。训练馆墙壁上有很多激励人心的话语:多吃苦,苦中有甜;坚持不懈,明天的冠军就是你的。陶菲克的训练十分艰苦枯燥。他每天都要花大量时间进行基础力量的训练,以此来提高体能。每天天还不亮,陶菲克就开始了一天的训练。选跑10千米,一天的训练才正式拉开了序幕。羽毛球最基本的训练就是握拍,这种训练分为正手和反手两种。陶菲克每天都在仔细钻研如何握拍更适合自己。陶菲克对运动与生俱来的天赋让他很快就掌握了基础训练的第一步。

在熟悉掌握握拍技巧之后,陶菲克又开始颠球训练。或许是由于小时候喜欢踢足球的缘故,他对球有着一种奇妙的感觉。在刚开始训练时,他的颠球技术一直都不是很出彩,常常将球掉在地上。他十分苦恼,就找教练"诉苦"。教练对他说:"这就要看你的天赋了,这里面技巧性的东西不多,我只能在理论上教你如何提高这种适应性。"陶菲克听了之后就在想:之前我的足球是怎样接的?为什么用脚接足球一接一个准,用拍子接羽毛球却不行?陶菲克努力地回想那种踢足球的感觉,不断揣摩,第二天他的感应能力有了很大的进步。教练也表扬他,说他真是一个有天赋的苗子。

羽毛球训练中最重要的一步是发球。陶菲克每天都要重复练习成千上万次发球动作。或许是由于量的积累,陶菲克的发球越来越纯熟。

但是陶菲克在体校除了训练刻苦之外，也是一个出了名的"坏孩子"。或许是因为从小在乡野长大，养成了放荡不羁、桀骜不驯的性格，所以陶菲克脾气比较暴躁。在陶菲克训练的过程中，他经常因为球打得不好而乱发脾气、摔拍子。不论是同队训练的队友还是他的教练，都领略过他的"坏脾气"。陶菲克在愤怒的时候，极其冲动，就像他的教练说："他就像一头牛一样，看哪不顺眼就往那儿撞，也不怕自己头破血流。"他的情况引起了学校领导的注意，毕竟体校不是一个你想干什么就干什么、想说什么就说什么的地方。学校领导对陶菲克发出了禁令：打不好球有情绪，就自己找一个地方去发泄，如果再有乱发脾气的情况出现，就马上停止训练，去操场上背沙包跑100圈，跑不完别回来！那时他的队友就经常看到陶菲克一脸严肃地在操场上接受处罚。

1996年，陶菲克15岁，他在心里默默地发誓：我一定要进国家队。他的教练也对他很有信心。当时，陶菲克所在的体院组织了一场大型的羽毛球赛，羽毛球界的佼佼者都参加了这场比赛。但是那时的陶菲克并不是最受瞩目的，他的球技虽略高一筹，但是他散漫、不听指挥的名声更为人所知。出乎大家所料，在这场比赛中，陶菲克冲入了最后的决赛。在最后的决赛中，陶菲克已经连续打了好几场，看起来有点体力不支。

与陶菲克相对决的是一位在体院小有名气的运动员。当陶菲克与他在决赛中相遇时，陶菲克并没有因为他比自己大两岁而退缩，反而勇敢地面对这位强劲的对手。

在比赛中，陶菲克是处于劣势的一方，第一局他输了，第二局他又落后这名运动员好几个球。但尽管是这样，他用自己独特的手法还是硬生生扳回了一局。这时候，争夺冠军的比赛进入了白热化的状态。或许是因为当天打了太多场比赛，陶菲克的手臂屡次出现抽筋现象，比赛好几次被迫暂停。但是他没有放弃，每次让医疗人员进行一些简单的处理之后，就继续上场比赛。他强忍着痛苦坚持到比赛的最后一刻。他这种坚持不懈、不完成比赛誓不罢休的精神深深地感染了每一个人。

虽然陶菲克有许多需要改进的地方，但是他的天赋和能力却填补了这些缺陷。在这次比赛中，他这种面对强敌不放弃的精神让印度尼西亚羽毛球队的教练注意到他,并将他作为千里马引荐到了国家队。15 岁的陶菲克完成了他进入国家队的梦想,离自己的期望又进了一步。

02 / 英雄卫冕

1999 年,进入国家队 3 年后,陶菲克赢得亚洲青年锦标赛冠军。当时有媒体称这位刚 17 岁的少年是羽毛球界冉冉升起的新星。但是有媒体解说:"这位刚刚 17 岁的新选手带着与他年龄不相符的力道,将拍子紧紧地握在手中,眼神中透露着一股特有的犀利,再以迅雷不及掩耳之势,将羽毛球重重地挥出,球就像脱离地心引力般直直地飞向对手。与他对战的运动员毫无招架之力。"陶菲克一路上过五关斩六将,将亚洲青年锦标赛的金牌稳稳地夺到手中。在领奖台上,陶菲克脸上洋溢着青春的热情,他激动地亲吻着自己的第一块奖牌。这是陶菲克第一次获得国际性比赛的金牌。从此，陶菲克一战成名，开创了一条辉煌的羽毛球运动之路。

  同年，因为陶菲克在亚洲青年锦标赛中的精彩表现，印度尼西亚国家羽毛球队派他去参加 1999 年的全英羽毛球锦标赛。这是世界上开办历史最为长久的国际赛事。陶菲克在这次比赛中，全面展示了自己在羽毛球运动上的天赋，而且他在技术上也没有让对手可以抓住的缺点。陶菲克在半决赛中以领先 1 局的优势淘汰了对手，成功挺进决赛。与陶菲克争夺冠军的对手盖德是一位大名鼎鼎的丹麦羽毛球王者。盖德就像是集合了羽毛球的所有打法所长，他既能守得住又能攻得起，他的球风凌厉又不失技巧，善于进攻又不失防守，是陶菲克的劲敌。但是陶菲克从来都毫不畏惧比他强劲的对手，他反而觉得这是对自己潜能的一种激发。在决赛场上，陶菲克丝毫不逊色于这位羽毛球届的前辈，他用炉火纯青的打法把"滚网"控制得非常精准，仿佛羽毛球在他的一指间就改变了飞行的轨迹；他将控制力与精确度相结合，用变化多样的打法自如地应对着对手，并且在适当的时候给盖德致命的一击。在这场比赛中最吸睛的还是他号称羽坛绝学的反手杀球。他凌空跳起，一个反手就将球轻松打回，无数的球迷看到这一刻内心无比的沸腾！ 让观众和评委不禁感叹道：这才是羽毛球运动的极致魅力！

虽然这场比赛陶菲克使出了浑身解数，但还是没能打败当时世界头号羽毛球选手盖德。但是赛后盖德对媒体说，这场比赛打得尤为艰难，只要一不留神，陶菲克就会使出他那强大的爆发力发起进攻。盖德评价陶菲克：这是一位值得尊敬的对手，他机动性强、步伐灵活，加之进攻手法丰富多样，是羽坛的后起之秀，崭露头角指日可待。就是通过这次全英公开赛，世人开始注意到陶菲克的才华，他也被人誉为"羽坛神童"，他的羽毛球之路越走越宽阔。

2000年，陶菲克首次站上了奥运会的舞台。或许是因为第一次参加奥运会，他的心中抑制不住的紧张。加上在当时悉尼奥运会上亮相的都是各国的羽毛球能手，而陶菲克虽然被世人认为是天才，但在经验丰富的对手面前，他还是一个羽坛初出茅庐的毛头小子，毫无任何奥运比赛经验可言。在悉尼奥运会的赛场上，陶菲克用他一贯灵活的步伐在网前争夺最高点，然后用其细腻的打法和对球独特的控制方法来进行高质量的搓球，这一打法常常使对方处于被动挑后场的不利位置。通过这个打法，陶菲克一直冲进了 1/4 决赛，但是在 1/4 决赛时，陶菲克以落后两分的劣势输给了中国羽毛球选手吉新鹏，止步于八强。

后来，陶菲克认真地反思自己在悉尼奥运会上的表现，他认识到自己前期的打法总是坚持着一条路线，这样很容易被对手看出他出球的套路。加上自己容易暴躁，在险进四强的情况下，心理状态不像刚开始那样好。陶菲克认真反省了自己之后，就又将训练的重心放在开拓各种独特的发球、进攻的方式，自创了搓球 + 上网扑杀、拉吊 + 头顶区突击等一系列代表性的打法与技术。在临场心理上，陶菲克也在认真反思着自己的问题，如情绪紧张、焦躁过度等。他通过私下和教练、心理医生的交谈来辅助这些问题的解决。

2002 年，陶菲克作为印度尼西亚国家羽毛球队中世界排名最高的运动员，出任第 22 届汤姆斯杯的第一单打。在此之前的前 4 届汤姆杯冠军获得者都是印度尼西亚，所以在这场比赛刚开始时，陶菲克很有信心让印度尼西亚延续 5

连冠的神话。在决赛时,陶菲克第一个出场为印度尼西亚队夺得一分先机。面对有利形势,印度尼西亚队的其他队员信心大涨,他们及时调整了战术,但仍在第二单打和第三单打中与马来西亚队打成平局。凭借陶菲克这一分优势,印度尼西亚队3∶2战胜马来西亚队。

在此之后,陶菲克的技术越来越娴熟。他在奥运赛场上的经验日益丰富。2002年釜山亚运会羽毛球男单比赛中,陶菲克获得金牌。当时与他争夺男单冠军的是韩国选手李铉一。这场比赛中出现了争议判罚,这使得陶菲克这个"坏小子"的脾气都块压不住了。在最后决赛中,陶菲克一脸怒容,稳稳地杀了一个球以后,他还恶狠狠地看了李铉一一眼。在这之后,陶菲克打得更加勇猛,杀球也杀得更狠。最后陶菲克2∶0战胜了韩国选手李铉一。釜山亚运会结束之后,陶菲克与李铉一握手点头。虽然在赛场上总是一副不服气的架势,但私下陶菲克也是一个很好相处的人。

2003年,陶菲克第二次参加世锦赛。这次他遇到的对手是中国小将鲍春来。比赛一开始,鲍春来就领先陶菲克7分,占绝对性优势。随后陶菲克奋起直追,但是还是没能追平比分，最终 0:2 落败止步 1/8 决赛。当初被印度尼西亚羽坛称为"羽坛神童"的陶菲克被国内媒体毫不留情地口诛笔伐。当时印度尼西亚发行量最大的报刊就刊登了一篇文章毫不客气地指出："在排名第 8 的陶菲克和名列 33 的鲍春来之间的决赛仅仅持续了 36 分钟，而且他在这场比赛中的表现远没有这位 20 岁小将出彩。"有媒体开始批判陶菲克这种不认真对待比赛的态度。但是也有球迷为他辩解说："他在球场上并没有把自己当作运动员，而是把羽毛球当作一件艺术品来雕刻。他更注重这项运动的观赏性和美感。"在这次失利之后，陶菲克的技术更加成熟，他不能辜负球迷对他的喜爱。同年在印度尼西亚举办的公开赛上，陶菲克与世界排名第一的中国运动员陈宏对战，虽然比赛打得很艰辛，但还是以 2：0 战胜了陈宏，他用这次比赛强有力地回击了印度尼西亚媒体上次对他的讽刺。

2004 年对于陶菲克来说是比赛最多的一年。4 月他先参加了羽毛球亚锦赛，随后在 8 月还有雅典奥运会。在羽毛球亚锦赛上，他以 2：1 战胜同胞索尼，获得冠军。之后陶菲克与约纳森的对战中，为印度尼西亚队夺得 1 分，但在随后的比赛中,印度尼西亚队不敌丹麦队败下阵来。在雅典奥运会 8 月 22 日的男单决赛,"羽坛神童"陶菲克与韩国名将孙升模展开对决。在第一局和第二局中,陶菲克分别以落后 7 分和 3 分的局势处于下风,但之后陶菲克渐渐找到感觉,靠他的反手杀球和网前小球将比分追平,靠着出色的发挥以 15∶8 和 15∶7 连胜两局。最终陶菲克夺得了这枚珍贵的奥运会羽毛球男单金牌。

2005 年,陶菲克一直都处于巅峰状态。在世锦赛半决赛中,陶菲克遇到了之前曾打败他的马来西亚选手李宗伟。这次比赛持续了 40 分钟左右,第一局在羽毛球技术明显不如陶菲克的情况下,李宗伟在战术上出现了偏差,陶菲克以 12 分的优势战胜李宗伟。第二局李宗伟改变了战术,他不让陶菲克得到在网前搓球的机会,成功地限制了陶菲克网前小球的进攻。但就算是这样,还是没能抵挡住陶菲克多样的打法。陶菲克最终以 15∶12 战胜了李宗伟。决赛是他与中国选手林丹的王者之争。林陶大战是这次赛事的压轴之戏。第一局比赛,陶菲克就以绝对性的优势压倒了林丹,取得了 13 分的领先。这种先声夺人的优势让陶菲克在比赛心理上略胜一筹，这样就更加稳定了他的发挥。陶菲克最终以2：0胜出获得世锦赛冠军。也就是这一年，陶菲克成为了羽毛球运动100年以来第一个集奥运会、亚运会、世锦赛、汤姆斯杯冠军为一身的大满贯球员。

2006年9月，在世锦赛男单1/8决赛中，陶菲克1：2不敌陈宏，无缘八强。多哈亚运会男团半决赛中，中国印尼相遇，男单较量中陶菲克1：2不敌林丹。随后的男单决赛中，陶菲克再次遇到林丹。在这次比赛开始之前，陶菲克的目标就是可以在亚锦赛上蝉联冠军。在决赛中他依然遇到了自己的老对手林丹。因为陶菲克在对战中国选手时整个状态不佳，而且在男团半决赛中陶菲克不敌林丹，所以在决赛开赛前，他并不被看好可以夺冠。但是在后来的决赛中，陶菲克发挥极好，以2：0战胜了林丹，完成亚运会的成功卫冕，也完成了他赛前的梦想。陶菲克从赛场归来后，于同年举行了婚礼，步入婚姻。

在此之后的比赛中，由于陶菲克的身体素质下降，数次在男单比赛中早早离场，屡次输给了比自己年轻的羽坛新将。特别是2009年之后他退出了印度尼西亚羽毛球协会，以单飞的形式参加比赛。之后，陶菲克直言：比赛对我来说已经无趣。

2012年伦敦奥运会，陶菲克在1/8的决赛中输给了老对手林丹。伦敦奥运会是他最后一次在奥运赛场上比赛。比赛之前，林丹曾说："很珍惜这次与陶菲克的交手机会。"

在伦敦奥运会结束之后，陶菲克把印度尼西亚公开赛作为自己运动生涯的终点，在这里他6次夺得冠军。2013年6月12日，世界羽联超级联赛印度尼西亚公开赛举行。在公开赛首轮，陶菲克的对手是印度新起之秀塞帕拉内斯。比赛之前，人们都觉得这场比赛肯定是陶菲克赢，但是因为伤病在身，陶菲克在先拿下一局的情况下，被对手连胜两局逆转，职业生涯最后一战以失利告终。印尼超级赛之后，陶菲克正式退役，告别世界羽坛。

如果陶菲克可以进入第二轮的话，将与他并称"四大天王"之一的李宗伟对战，但是谁都没有想到他居然在第一轮就被排名低自己20名的印度小将刷了下去。

在印度尼西亚雅加达格罗拉蓬卡运动场上有无数的粉丝来见证印度尼西亚"羽球天王"的告别时刻。现场的观众都高声呼喊着"羽球天王"的名号,他们手中不断挥动着印着陶菲克英勇身姿的小旗帜,场面十分地壮观。

在印度尼西亚公开赛的赛后发布会上,陶菲克的脸上不失轻松但也有不少遗憾。他带着可爱的女儿出席现场,用略带哽咽的语气说:"我也不知道为什么,我累了。现在也是时候了。虽然这儿实在让我很难割舍,但是没办法,我已经不复当年了。我只知道在当职业羽毛球选手的这几年,是最让我铭记的一段时间。现在一切都应该结束了。"

03 / 浪子回头

对于当年仅仅 17 岁的陶菲克来说,他受到世人的瞩目不仅仅是因为在全英羽毛球锦标赛上潇洒飘逸的球技而一战成名,很多人都喜欢他娃娃脸的外表和有如邻家大哥哥随和的性格。当他刚刚在羽坛出名时,就已经俘获了不少女粉丝的心。就像林丹所说的那样:印度尼西亚 10 年就可以出现一个羽毛球能手，但是100年才出一个帅哥羽毛球能手。一提到陶菲克，很多喜欢观看羽毛球比赛的观众都十分激动，毫不掩饰对陶菲克的喜欢和崇拜。

就是这么一个较早成名的羽毛球选手，成家前的感情经历十分丰富，这也是他一生放荡不羁的真实写照。

在不了解他生活的人看来，他只是在羽毛球方面有独特的天赋，谁还能想到这样一位初出茅庐的毛头小子在谈恋爱方面也是"天赋异禀"的。当时，第一个与他闹绯闻的并不是一位普通的女生，而是在当时印尼国内运动界称为女神的网球女单选手维尼。人们一直都很看好印度尼西亚运动界这一对金童玉女，然而这段恋情最终以这位"花花公子"的移情别恋收场。陶菲克接着又对青春活泼型的女生诺拉展开了恋爱攻势。诺拉是当时红遍印度尼西亚的歌坛组合"AB Three"中的一位成员。当时有记者跟拍陶菲克，就算是在训练期间，他也会偷偷溜出训练场去看她的演唱会，几乎是每场都不误。他就像跟屁虫一样，诺拉在哪里演出，他的身影就出现在哪里。很多人都觉得这次陶菲克的恋爱是用心的。在陶菲克代表国家队去奥运会参赛时，也带着诺拉一起去，并且把她安顿在离奥运村不远的酒店。曾有媒体拍到过在天黑时,陶菲克偷偷地溜出奥运村去找他的女友相会。

但是在悉尼奥运后结束之后,两人之间的联系明显变少。曾有记者向他提问:"你和诺拉小姐的恋情是否有下一步的进展?"他回应说,两人已经分手。同时,他也迎来了羽毛球事业前所未有的低谷,因为他对国家队调离恩师的决定不满。为了表达自己对这一决定的反抗,他毅然决然地要求退出国家队,并且向新加坡羽毛球协会表明了想要加入的意愿。他与印度尼西亚羽协的对抗长达一年时间。然后就是在这一段时间内,在出席万隆大学的一次羽毛球讲座时,他从台下听讲座的人中一眼就看中了那所大学的校花。这位校花在面对自己偶像陶菲克的恋爱追求时,很快就答应了。只是这段恋情最终也是无疾而终。

之后陶菲克又认识了电视节目主持人戴斯维达。他们第一次见面是在电视台,当时戴斯维达对这位"羽坛神童"进行采访,两个人交谈甚欢,并在私下互相留了联系方式。在外界看来,两人之间的恋情是陶菲克恋爱史中最长久的一次。不论是戴斯维达还是陶菲克都很大方地向外界承认他们俩已经同居,并且有结婚的意向。在陶菲克获得雅典奥运会冠军之后,他为了感谢女友在情感和事业上对他的帮助,公开宣布他们将要订婚。但就是这么一段在外人看来已成定局的婚姻,最终还是落了空。后来,陶菲克认识了阿咪。阿咪是豪门千金,父亲曾任印尼交通部长,并兼任印尼足协主席,是印尼政坛赫赫有名的人物。

2006年2月4日,这位被称为"爱情动物"的单身汉终于结婚了。他们在雅加达最高级的酒店举行了隆重的婚礼。婚礼当天,就连印度尼西亚的国家总统都出席并且见证了这场盛大的婚礼。婚礼耗资高达260万人民币。

之后他们的婚姻生活很幸福,并在2007年和2010年生下一女一男。

04 / 艺术与美的化身

陶菲克退役之后,并没有销声匿迹,反而在羽坛上有不少人研究他的动作,诠释着他对羽毛球这项运动美的定义。

虽然他最突出的成就是大满贯,但是他最让人称道的并不是辉煌的成绩,他给后来运动员留下的也不是网前小球、搓球、反手杀球等绝招,而是大巧若拙的艺术美,是他将运动的美发挥到极致。他在赛场上展现出的并不是为争夺一分而拼到你死我活,正相反他把强劲的进攻化为舞者般的轻盈,将绝杀技蕴含在无形之中,招招皆使出一剑封喉的威力。

他把教科书中的每一种打法都钻研透彻,他的简单打法虽然看起来平淡无奇,却在交叉应用中让人眼花缭乱。他在动作中融入了自己独特的天赋。一样的动作,陶菲克可以做到无拘无束却蕴藏着"洪荒之力";一样的移动,陶菲克可以做到步伐灵活,凭着对球感的独特体验,招招精准;一样的搓球,他可以将细腻的技术和手感高质量地结合在一起,舒手摘花,抹捻自如,极具美感;同样的跳杀,他丰富多样的处理方式加上强劲的爆发力,常在被动状态下仍不显慌乱。

陶菲克参加了4届奥运会,他也遭遇过自己运动员生涯中的滑铁卢事件，如 2000 年的悉尼奥运会。然后他在 4 年之后又重新冠上冠军头衔。这期间的付出绝不是"天才"这两个字就可以替代的。而之后的 2008 年北京奥运会和 2012 年的伦敦奥运会他都输了，这时候早已不是他的巅峰时期，但是他明知希望渺茫却还是要奋力一搏，这是对羽毛球事业的热爱。

在比赛场上，陶菲克无论是领先对手还是处于下风，当对方要求换球时，陶菲克从来没有反对过对手的提议，十分尊重对手。甚至有些比赛中，裁判都拒绝对方更换球的要求，陶菲克也会伸手向裁判表明接受换球。这在别人看来不只是尊重别人的要求，换球作为一种球场上公认的小伎俩，更是一种对自己实力的肯定。

虽然羽毛球天才已经淡出人们的视野，但是他的球品和人品一直被人们称道……

后 记

"一带一路"相关国家众多,代表性人物众多,为中外交好、民心相通做出杰出贡献的人士众多。因此,为"一带一路"璀璨群星立传,既使命光荣,又责任重大。在这项浩大工程的策划、组织、执行过程中,有许许多多的志士参加了有关传主的名单征集和审定,以及写作、翻译、审读、编辑、出版、筹资、联络等繁重而琐细的工作。所有参与的人员,以拳拳报国之心,尽深厚学养之力,克服了时间紧、任务重、要求高、压力大等诸多困难与挑战,最终圆满完成了任务。在本书付梓之际,丛书编委会特向参与本项目的全体同志致以崇高敬意和衷心感谢!

同时特别需要鸣谢的是,提出策划并领导实施此项目的中国传记文学学会会长王丽,基于长期法律实务经验和担任"一带一路服务机制"主席职务的便利,她对相关国家和走出去的"一带一路建设者"和广大青少年的需求了解真切,提出应当为他们写一套介绍各国典型人物的简明易读的传记,为他们提供健康的精神食粮。她把这项"额外"的工作当成了事业,不惜四处奔走筹集经费、苦口婆心招揽作者、精心挑选传主名录、夙夜青灯挥笔写作、近乎偏执逐字推敲、亲力亲为呕心沥血。面对如此浩大的出版项目和繁重的出版任务,中国出版集团华文出版社、中联部当代世界出版社、五洲传播出版社三家出版社携手毅然承担了出版任务,努力将该传系图书列入国家的重点出版工程,以高质量的编辑和装帧,确保了这套百卷丛书的国家级水平。在此,我们特向这三家出版社的相关领导和编辑们致以崇高敬意和衷心感谢!

尤其让我们感动的是,在项目执行过程中,一些富有家国情怀的民间商会和企业家的慷慨解囊,虽不足以支撑项目的全部费用,但是他们所表现出的热心和支持,让我们坚定了走下去的信心和决心,特向他们的拳拳报国之心和慷慨无私帮助致以崇高敬意和衷心感谢!

一项伟大的事业,离不开许多默默无闻的奉献者。在本传系的组织、编写、出版过程中,有历史、文学、科研、外交、教育、法律、翻译、出版等领域的数百位专业人士参与,恕不能在此处一一详列。需要特别提出的是,鞠思佳、李华华、景峰等同志为组织联络、搜集资料到处奔波而毫无怨言,唐得阳、唐岫敏、白明亮、谭笑、曹越等同志在编写、翻译和编辑、校对过程中的细致与负责让我们感动,赵实、胡占凡、高明光、吴尚之、刘尚军、李岩、王灵桂、李永全、陈晓明、许正明、宋志军、丁云、关宏等同志睿智的指点和专业的帮助让我们避免了许多弯路。在此,我们特向以上各位同志致以崇高敬意和衷心感谢!

当然,由于我们水平所限,本丛书难免有某些不尽如人意和瑕疵之处,敬请学界专家和各位读者不吝赐教,我们将在作品再版之时吸收完善。在此,我们也向各位读者提前表示崇高敬意和深深感谢!

"'一带一路'列国人物传系"编委会

2023 年 3 月 28 日